DES

CAUTIONNEMENTS

ÉTABLIS EN FAVEUR

DU TRÉSOR PUBLIC

PAR

Henri BOISNARD

DOCTEUR EN DROIT
DIPLOMÉ DE L'ÉCOLE DES SCIENCES POLITIQUES
AVOCAT A LA COUR D'APPEL

PARIS

V. GIARD & E. BRIÈRE

LIBRAIRES-ÉDITEURS

16, rue Soufflot, 16

1896

PARIS. — IMP. V. GIARD & E. BRIÈRE, ÉDITEURS, 16. RUE SOUFFLOT.

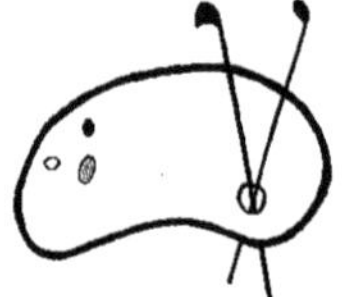

FIN D'UNE SERIE DE DOCUMENTS
EN COULEUR

DES CAUTIONNEMENTS

ÉTABLIS EN FAVEUR DU TRÉSOR PUBLIC

DES
CAUTIONNEMENTS

ÉTABLIS EN FAVEUR

DU TRÉSOR PUBLIC

PAR

Henri BOISNARD

DOCTEUR EN DROIT
DIPLOMÉ DE L'ÉCOLE DES SCIENCES POLITIQUES
AVOCAT A LA COUR D'APPEL

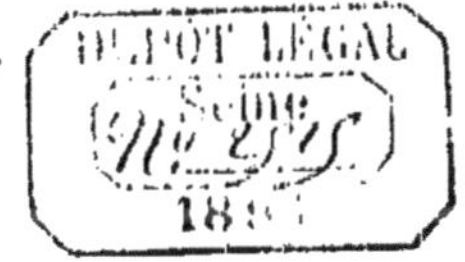

PARIS
V. GIARD & E. BRIÈRE
LIBRAIRES-ÉDITEURS
16, rue Soufflot, 16

—

1896

DES CAUTIONNEMENTS

ÉTABLIS EN FAVEUR DU TRÉSOR PUBLIC

CHAPITRE PREMIER

Notions préliminaires et historiques.

Le cautionnement, en matière administrative, est une garantie établie en faveur du Trésor public par des personnes pourvues de certaines fonctions administratives ou qui ont conclu avec l'État, les départements, les communes, certains établissements publics, des contrats pour l'exécution de travaux ou de marchés de fournitures.

Il est la garantie de la bonne gestion de ces fonctionnaires, de l'accomplissement des obligations des adjudicataires de travaux ou de marchés.

Mais il n'a pas toujours ce caractère exclusif, il sert aussi à protéger les particuliers contre les malversations que pourraient commettre, dans l'exercice de leurs fonctions, certains officiers ministériels (avoués, notaires, huissiers, commissaires-priseurs, etc...) (1).

(1) Grande Encyclopédie, v° *cautionnement*, T. IX, p. 590.

Il sert encore à garantir l'obligation qui incombe à tout inculpé maintenu ou mis en liberté provisoire de se représenter en justice à toute réquisition.

En résumé, le cautionnement administratif est une garantie imposée à certaines personnes que leurs fonctions, leur profession, leur état expose à devenir débiteurs, soit de l'État, soit des particuliers (1).

Cette garantie consiste dans la remise d'une valeur (numéraire, rente, immeuble, suivant les cas), remise qui transfère au créancier le droit de rétention et privilège sur cette valeur.

En droit civil, le cautionnement n'a pas une application aussi étendue. C'est un contrat par lequel un individu garantit l'exécution en tout ou partie d'un engagement pris ou à prendre par un autre individu et consent à le remplir, faute par celui-ci de l'accomplir lui-même.

Tel était bien le caractère primitif du cautionnement administratif, mais comme le font remarquer MM. Championnière et Rigaud (2), le mot cautionnement a été détourné de son véritable sens, au commencement du dix-huitième siècle.

A l'origine, disent ces auteurs, les lois administratives obligèrent tout comptable de deniers publics à fournir une caution qui répondit de la fidélité de sa gestion.

(1) Béquet. *Diction. de dr. admin.*, v° *cautionnement*, n° 29.
(2) *Traité des Dr. d'Enregist.*, T. II., p. 145.

Il y avait alors *cautionnement* véritable, mais un arrêt du Conseil du 30 avril 1758, ordonna à tous comptables le dépôt d'une somme d'argent « au moyen duquel paiement, ils seraient déchargés de donner caution (art. 2 du dit décret).

Cette dénomination fut, par la suite, étendue aux obligations de même nature imposées aux autres fonctionnaires et employés, aux officiers ministériels et aux adjudicataires de travaux et de marchés de fournitures.

Elle fut consacrée par les lois administratives, adoptée par les jurisconsultes.

Il existe actuellement encore certaines lois administratives qui exigent qu'une caution personnelle soit fournie dans quelques cas, mais ces cas sont peu nombreux (travaux publics — ventes de coupes de bois — contributions indirectes — baux consentis par l'État) ; ces cas seront examinés au cours de cette étude.

L'obligation pour certains fonctionnaires, officiers ministériels ou adjudicataires de fournir un cautionnement n'est pas nouvelle, de semblables mesures ont été prises à toute époque et par toutes les Législations.

A *Athènes*, aussi bien qu'à Rome, nous retrouvons, dans les lois, les traces de cette obligation.

Plutarque, dans la *Vie d'Alcibiade* (t. I, p. 193), nous dit que les revenus de l'État étaient, à Athènes, donnés en grande partie à ferme, et que les fermiers adjudica-

— 4 —

taires de la perception de ces revenus devaient donner un cautionnement, comme garantie de leur gestion.

A *Rome*, mêmes mesures ; le principe était même appliqué d'une façon plus rigoureuse. La responsabilité du titulaire de la charge, quand il s'agissait d'une fonction vénale, devait s'étendre jusqu'aux actes de ses successeurs. Mais le principe de cette responsabilité illimitée fut bientôt restreint, ce qui était encore rigoureux, aux faits du successeur médiat (L. 15, D. *Ad municipalem.* — L. 2, Code. *De periculo nominatorum*).

Cette responsabilité n'avait d'effets qu'en ce qui concernait *les actes accomplis à raison des fonctions*, et non ceux qui avaient le caractère de délit ou de faute. C'est ce qui résulte de la Loi 66 *princip.* D. *De fidejussor... et nomin...* et de la Loi unique, Code, *De periculo eorum qui..* (1).

En *France* c'est au quatorzième siècle seulement qu'apparaît l'obligation du cautionnement.

Des lettres patentes du roi Philippe VI (9 décembre 1335), posent le principe du cautionnement, dont le développement se trouve dans l'Édit du 13 mars 1347 :

« Mandement aux gens de comptes, portant que les
« receveurs s'*applegeront* pour une année de leur recepte,

____

(1) Fuzier-Herman. *Répertoire du Dr. fr.* T. IX. v° *Caution. des Titulaires et comptables.*

« et feront serment sur Evangiles, qu'ils ne prendront
« robes, ni gages de personne. » (1)

Cet Edit fut suivi des ordonnances des 26 septembre
1351, — 23 octobre 1400, — 11 juin 1510, — février 1577,
qui fixèrent et revisèrent les cautionnements à fournir par
les différents comptables et officiers de justice : verdiers,
gruyers, gardes, maîtres sergents, sergents des Eaux et
Forêts.....

Henri III, « touché des plaintes de ses subjects sur les
« abus qui se commettent dans le royaume au maniement
« des deniers qui sont par ordonnances journellement
« consignés, mis en garde ou dépôt, soit ès mains des
« greffiers, notaires, tabellions, huissiers, sergents et
« autres », règlemente en juin 1578 les cautionnements.

Il soumet à l'obligation du cautionnement les titulaires
d'offices héréditaires, les receveurs des dépôts et consignations soit judiciaires, soit volontaires.

Puis viennent en 1626, 1658 (27 novembre), 1669 (août)
différents actes législatifs modifiant et réglementant la
matière.

L'ordonnance de 1669 est remarquable en ce qu'elle
confère au roi une hypothèque générale sur les biens
immeubles de tous les comptables.

En 1758 (30 avril), arrêt du conseil concernant les commis

(1) De Laurière, *Ordonnances des rois de la 3e race*. T. II, p. 285.

préposés et receveurs de l'adjudicataire général des fermes, les commis et préposés de l'entrepôt des tabacs.

Cet arrêt est le premier qui autorise les comptables de deniers à fournir un cautionnement en espèces ; jusqu'au dix-huitième siècle, en effet, le cautionnement avait toujours été fourni en immeubles.

Nous n'avons plus à enregistrer en passant que quelques arrêts de 1760 (16 septembre) — 1761 (3 mars) — 1762 (26 décembre) — 1771 (8 mars) — 1776 (29 juin) — 1779 (17 février). Ces arrêts étendent aux commis, préposés, receveurs des fermes, administrateurs, régisseurs généraux les dispositions relatives au cautionnement.

Le préambule de l'arrêt de 1779 explique cette extension par cette considération que le cautionnement offre une garantie contre les détournements et abus de fonctions et que c'est un moyen de « *se procurer un secours à un intérêt modéré* ».

Les règles nouvelles introduites depuis l'arrêt de 1779 ne sont guère que la reproduction de cet arrêt (1).

Dans les premières années de la Révolution la garantie qui résulte du cautionnement conserve son empire.

Les greffiers, d'après la loi du 16 août 1790, sont tenus de fournir un cautionnement de 12.000 livres en immeubles.

Un décret du 7 novembre 1790 autorise les propriétaires

(1) Isambert. *Recueil des anciennes lois françaises*, T. XXVI, p. 27.

de cautionnements et leurs créanciers à donner en paiement de l'acquisition des domaines nationaux les récépissés ou autres titres authentiques de leurs créances.

Un autre décret du 14 novembre de la même année réglemente le cautionnement des Receveurs généraux et des Receveurs particuliers des finances.

En 1791 et 1792 le législateur accentue sa marche dans ce sens. De nombreux décrets interviennent pendant ces deux années, qui soumettent à l'obligation d'un dépôt de garantie les receveurs particuliers, vérificateurs, inspecteurs, directeurs, administrateurs de la Régie du gouvernement (Enregistrement), les régisseurs et employés des Domaines, les receveurs des ports. — Le caissier général de la Trésorerie et les payeurs généraux. — Les agents de la conservation des Forêts. — Les agents de la Régie des poudres et salpêtres. — Les adjudicataires de la perception des Contributions foncière et immobilière. — Les receveurs des Consignations. — L'économe et le trésorier des Invalides. — Le directeur des Postes à Paris...

Enfin nous rencontrons encore un décret du 29 septembre 1791 qui exige des notaires le versement en espèces d'un *fonds de responsabilité* destiné à garantir les particuliers contre les malversations commises par ces officiers ministériels à l'occasion de l'exercice de leurs fonctions. Le décret dispose qu'aucun intérêt ne sera servi au déposant mais qu'il sera exempt de tous droits de patente.

« Voilà dit M. Dalloz (J. G. T. VIII. *Cautionnement des fonctionnaires*) où on en était à l'époque de la proclamation de la République. Sous ce régime il est naturel que la bonne opinion dans les hommes, dans leur moralité, s'élève au-dessus de celle qu'on a dans la richesse. On demande aux hommes, à l'attachement aux devoirs, aux vertus civiques en un mot, la garantie qui dans un autre temps est recherchée soit dans la fortune immobilière, soit dans la solvabilité des répondants, appréciation dont l'exactitude se vérifie suivant que la nation a les mœurs, les habitudes qu'exige l'état républicain ou qu'elle en est destituée. Reste toujours que l'un des premiers actes de la République fut de décréter en principe, la suppression des cautionnements. Ce fut l'objet du décret du 14 Pluviôse, an II. »

Les cautionnements furent en conséquence remboursés à leurs propriétaires.

L'expérience tentée par le législateur de Pluviôse an II ne fut toutefois pas de longue durée. On comprit vite quels avantages offrait le régime antérieur, et ce régime fut rétabli par la loi du 15 Germinal an IV, qui soumet à l'obligation du cautionnement immobilier, les receveurs des Impositions Directes.

Des mesures semblables furent édictées par la loi du 6 Frimaire an VIII pour les receveurs généraux, et les dispositions de cette loi furent étendues aux autres comptables et aux officiers ministériels par un arrêté du 1er Pluviôse an VIII et les lois des 7 et 27 Ventôse an VIII et 4 Germinal de la même année.

Pour recevoir les fonds provenant des cautionnements et pour conserver à ces fonds leur caractère de dépôt restituable, la loi du 6 Frimaire, an VIII, décida que le versement n'en serait pas effectué au Trésor, mais dans une caisse distincte et séparée qui fut fondée à cet effet et désignée sous le nom de *Caisse d'amortissement*. Le législateur chargea cette caisse de toutes les opérations que comportait le service des cautionnements : encaissement des cautionnements, paiement des intérêts, remboursement après cessation des fonctions publiques. (Loi des 6 Frimaire an VIII, 7 et 27 Ventôse an VIII, 24 Germinal an VIII et 24 Messidor an IX.

Mais le Budget n'étant pas en équilibre, il était nécessaire de procurer au Trésor des ressources immédiates : c'est aux cautionnements qu'on les demanda. La loi du 7 Ventôse an VIII mit à la disposition du gouvernement pour être affectés aux dépenses de l'an VIII les cautionnements versés par les employés des régies et administrations de l'Enregistrement et des Domaines, des Douanes, des Postes, de la Loterie, et par les notaires. Mais cette affectation n'avait qu'un caractère provisoire, et l'article 6 de ladite loi disposait que la caisse d'amortissement serait remboursée de ses avances au moyen d'un prélèvement de la somme de 2.500.000 francs qui serait annuellement, jusqu'à parfait paiement, inscrite au budget de l'État.

Ce premier emprunt ne fut pas remboursé, il fut suivi de plusieurs autres qu'autorisèrent des lois de finances, mais toujours sous la condition de remboursement à la Caisse d'amortissement. (Lois des 27 Ventôse an VIII, 5 Ventôse an XII, 24 Germinal an XII et 2 Ventôse an XIII.)

« Il résulta de ces emprunts successifs qu'en 1814 le Trésor avait reçu 121.572.268 fr. 02. alors que la Caisse d'amortissement n'était nantie que de 3.604.665 francs de rentes 5 0/0, représentant le montant des cautionnements qu'elle avait conservés. Ces rentes furent elles-mêmes réalisées et le produit de la vente, 75.971.762 fr. 84, fut employé aux dépenses de 1814.

« Enfin la loi du 28 avril 1816, pour créer de nouvelles ressources au Trésor après les désastres d'une double invasion, imposa aux personnes assujetties au cautionnement en numéraire, l'obligation de fournir un supplément de cautionnement et en prescrivit le versement au Trésor.

« Par suite de l'application aux dépenses publiques des fonds provenant des cautionnements, la Caisse d'amortissement n'avait plus sa raison d'être. Aussi la liquidation en fut prononcée par la loi de 1816 qui chargea le Trésor de rembourser les capitaux des cautionnements et de payer ses intérêts (1). »

Depuis 1816, les cautionnements versés par les titulaires d'emplois nouvellement créés ont cessé de figurer au chapitre des recettes du budget de l'État. On a estimé avec raison que les dispositions des lois précitées de l'an VIII, l'an XII, l'an XIII, constituaient des mesures applicables seulement dans les périodes de troubles, mais qu'en temps normal, il convenait de conserver aux fonds provenant des cautionnements leur caractère de dépôt restituable et de ne pas les considérer comme une source de recettes définitivement acquises au Trésor.

Les restitutions nécessitées par la suppression de certains emplois ont de leur côté cessé d'être inscrites au budget des dépenses.

Quant aux entrées et aux sorties de fonds résultant des mutations de titulaires elles ont été, à *fortiori*, séparées des opérations budgétaires. Elles constituent, en effet, comme le fait remarquer M. Léon Say dans son *Dictionnaire des Finances*, de simples virements, le cautionnement du titulaire qui entre en charge servant à rembourser le dépôt du titulaire hors fonctions.

Le service des intérêts des cautionnements a seul continué, comme nous le verrons ultérieurement, à faire l'ob-

______

(1) Léon Say, *Dictionn. des finances*, v° *Cautionnement*.

jet d'un paragraphe spécial au Budget de l'État. Ce service constitue, en effet, une dépense à la charge de l'État, dépense qui ne peut être couverte qu'à l'aide d'un crédit voté chaque année par les Chambres.

Pendant toute la période qui s'étend de l'an VIII à la fondation de l'Empire, de nombreuses lois intervinrent qui étendirent l'obligation de verser un cautionnement à un certain nombre de fonctionnaires et qui réglementèrent à nouveau les cautionnements des titulaires déjà assujettis au versement.

Nous nous bornerons à signaler quelques-unes de ces lois.

La loi du 7 Ventôse an VIII relative aux cautionnements des régisseurs, administrateurs, employés de l'Enregistrement, des Douanes, des Postes, de la Loterie nationale, des notaires.

La loi du 27 Ventôse de la même année relative aux cautionnements des greffiers, huissiers et avoués, et l'arrêté du 7 Thermidor an VIII concernant ceux des payeurs et caissiers du Trésor.

La loi du 27 Ventôse an IX qui exige des commissaires-priseurs à Paris un cautionnement de 10.000 francs.

La loi du 28 Ventôse, même année, qui soumet aussi à cette obligation les agents de change et les courtiers de commerce.

La loi du 28 Floréal an X. Les greffiers paieront, d'après

cette loi, un cautionnement basé sur la population de la ville du tribunal près lequel ils exercent.

L'arrêté du 5 Germinal relatif aux cautionnements des receveurs, employés, préposés aux recettes des Contributions Indirectes et enfin celui du 16 Germinal de la même année qui oblige les receveurs des hôpitaux et autres établissements charitables à verser au Trésor, à titre de cautionnement, une somme fixée par les préfets, somme qui ne peut être supérieure au douzième des recettes et inférieure à 500 francs.

Pendant la période impériale un décret du 30 Frimaire an XIII, oblige :

1° Les percepteurs des Contributions Directes à fournir un cautionnement en numéraire égal au douzième des revenus communaux. Ce cautionnement est productif d'intérêts à 5 0/0.

2° Les receveurs spéciaux et particuliers des communes dont le revenu est supérieur à 20.000 francs, à fournir un cautionnement en numéraire égal au douzième de leur recette.

Puis vient la loi du 25 Nivôse an XIII qui traite du remboursement des cautionnements des greffiers, huissiers, avoués, commissaires-priseurs, agents de change, courtiers de commerce. Elle les déclare comme ceux des notaires affectés par premier privilège à la garantie des condamnations encourues par eux à l'occasion de l'exercice de leurs fonctions, par second privilége aux bailleurs qui ont prêté les fonds représentant le cautionnement et subsidiairement enfin au paiement, dans l'ordre ordinaire, des créances particulières qui pourraient exister contre eux. La loi indique en outre les formalités requises pour l'acquisition, la conservation des priviléges, et pour le retrait des cautionnements.

Les cautionnements des notaires, agents de change, commissaires-priseurs de Paris, greffiers, avoués, huissiers, receveurs généraux sont augmentés par la loi de Finances de l'an XIII (2 Ventôse an XIII. T. 7).

Les dispositions de la loi du 25 Nivôse an XIII relatives aux priviléges de premier et de second ordre sont étendues aux receveurs généraux et particuliers et à tous autres comptables par la loi du 6 Ventôse de la même année.

Le décret du 18 septembre 1806 indique les formalités à suivre pour obtenir le remboursement des cautionnements des titulaires décédés ou interdits.

Le décret du 18 août 1807 relatif aux saisies-arrêts et oppositions sur les caissiers et receveurs publics.

La loi de Finances du 15 septembre 1807 qui réduit à 4 et à 5 0/0, à compter du premier janvier, les intérêts des cautionnements en numéraires fixés antérieurement à 5 et à 6 0/0.

Les décrets du 25 août 1808 et du 22 décembre 1812,

qui indiquent les formalités à suivre pour l'acquisition du privilège de second ordre.

Par ces divers actes, les règles fondamentales de la matière étaient posées, les garanties des tiers et du Trésor à peu près complètes, aussi ne trouvons-nous plus jusqu'à la loi du 25 août 1816, que des actes d'un intérêt secondaire sur lesquels il nous semble inutile de s'arrêter.

La loi de 1816 qui avait, nous l'avons vu, exigé des titulaires un supplément de cautionnement, avait en outre édicté certaines dispositions relatives à la nature du cautionnement. Elle avait décidé notamment que « la faculté conservée aux fonctionnaires de l'ordre judiciaire, employés des administrations civiles, receveurs des communes et comptables de deniers publics, de fournir tout ou partie de leur cautionnement en immeubles ou en rentes sur l'État, ne serait pas accordée à ceux qui seraient nommés à compter de la publication de la loi. »

L'art. 97 de la dite loi obligeait les titulaires de fonctions publiques à fournir, dans la suite, leurs cautionnements en numéraire pour la totalité.

Depuis cette époque, le principe posé par l'art. 97 a été rigoureusement appliqué en ce qui concerne es officiers ministériels et la plupart des fonctionnaires ou agents comptables de deniers de l'État, mais des lois, des décrets, des ordonnances que nous rencontrerons au cours de cette étude, ont introduit certaines exceptions en faveur de fonctionnaires ou agents que ces actes législatifs ont autorisé à opter entre les différents modes de cautionnement. Nous ne citerons que l'ordonnance du 6 juin 1830, qui accorde pareille faveur aux receveurs spéciaux des hospices et des établissements de bienfaisance. L'ordonnance du 23 décembre 1847 relative aux comptables de la marine, le décret du 18 décembre 1849, concernant les comptables de la guerre; celui du 29 mai 1878 (préposés des chemins de fer de l'État); celui du 18 octobre 1882 (agent comptable des transferts et mutations) et enfin la loi du 27 février 1884 qui accorde ce bénéfice aux receveurs municipaux spéciaux.

Il semble résulter de ces dérogations à la loi de 1816, que le cautionnement en rente tend à se substituer de plus en plus au cautionnement en numéraire, et on s'est demandé si cette substitution appliquée jusqu'ici dans certains cas particuliers seulement, ne devrait pas être généralisée: s'il ne serait pas opportun de supprimer le cautionnement en numéraire et de convertir les titres délivrés aux titulaires de ces cautionnements en rentes constituées sur le Grand Livre. Une telle substitution ne saurait être préjudiciable aux intérêts des particuliers et aux intérêts de l'État.

Actuellement, en effet, étant donnés le développement de la fortune mobilière, le cours soutenu des fonds publics et la rapidité avec laquelle s'effectuent en Bourse, les négociations des valeurs, les titulaires trouveraient dans le titre qui leur serait délivré l'équivalent du numéraire par eux versé.

Le Trésor qui, comme aux temps troublés de 1816, n'a plus besoin de recourir aux cautionnements en numéraire pour se procurer des ressources, aurait dans le titre déposé un gage égal en valeur au numéraire ; il n'aurait pas à payer annuellement l'intérêt de l'excédent de la recette sur la dépense, excédent qui, depuis 1816, s'est progressivement élevé à un million (1).

Les versements et les remboursements des cautionnements donnent lieu, d'autre part, à des écritures compliquées, à des virements de caisse que cette mesure aurait l'avantage de supprimer. Le Trésor restituerait après la cessation des fonctions du titulaire, après l'accomplissement des obligations de l'adjudicataire de travaux, le titre de rente qui lui aurait été remis lors de l'entrée en charge ou du commencement des travaux.

La question n'est d'ailleurs pas nouvelle. A trois reprises différentes déjà, cette consolidation a été proposée au Parlement.

En 1830, nous trouvons un premier projet de M. le Comte de Chabrol. En 1846, la question est à nouveau posée par

(1) Ces chiffres sont empruntés à M. Léon Say. *Dict. des finances*, v° *Cautionnement.*

M. Lacave-Laplagne et plus récemment encore, en 1882, le projet était repris par M. Léon Say à la Chambre.

Aucune solution n'est cependant intervenue jusqu'ici, mais cela s'explique facilement. L'État qui ne paie qu'un intérêt de 3 0/0 aux titulaires de cautionnements aurait dû payer, suivant les cours de la Bourse de ces mêmes époques, 4 0/0, 4 50 0/0 et même 5 0/0 pour les arrérages de la rente représentant le même capital.

Mais cette considération n'existe plus depuis qu'en ces dernières années le taux de la rente a été ramené à 3 0/0 et la substitution du cautionnement en rente au cautionnement en numéraire semble actuellement s'imposer (1).

En 1819, une loi du 9 juin oblige les propriétaires et éditeurs de journaux à fournir un cautionnement, ce cautionnement est affecté par privilège aux dépens, dommages-intérêts, amendes résultant des condamnations prononcées contre les propriétaires et éditeurs.

Une ordonnance du 19 juin 1825 détermine la base des cautionnements en rentes à fournir au Trésor.

Nous rencontrons encore quelques actes législatifs relatifs aux cautionnements des agents de l'administration forestière, des officiers ministériels de Corse, des préposés de l'administration des Tabacs, du directeur de la fa-

(1) Fuzier-Herman. *Repert. du Dr. franç.* T. 9, v° *Cautionn. des Titulaires et comptables.*

brication des Monnaies, des directeurs d'établissements
d'aliénés, etc... Et nous arrivons à l'arrêté ministériel du
1er janvier 1839 qui décide que les cautionnements définitifs ou provisoires qui doivent être fournis par les adjudicataires des travaux publics de l'État, des départements,
des communes, des établissements publics seront versés à
la Caisse des Dépôts et Consignations et non plus au Trésor comme ils l'avaient été jusque-là.

L'arrêté de 1839 vise les cautionnements définitifs aussi
bien que les cautionnements provisoires des adjudicataires :
il a été étendu également à certains autres cautionnements
administratifs (cautionnements des receveurs d'associations
syndicales, des caissiers des caisses d'épargne, des fermiers d'octroi des communes, etc...), mais il ne s'applique
qu'aux cautionnements en numéraire ; quant aux cautionnements en rentes, c'est à la Caisse des Dépôts et Consignations qu'ils doivent être réalisés, mais en vertu d'un
décret du 18 novembre 1882.

La loi de finances du 4 août 1844 (art. 7) décide que
l'intérêt des cautionnements en numéraire est fixé à 3 0/0
à partir du 1er janvier 1845.

Puis viennent de nombreux décrets et ordonnances relatifs aux cautionnements des agents de l'imprimerie nationale, des comptables des Ministères de l'agriculture, de
l'instruction publique, de la guerre, des finances, des
postes et télégraphes, des économes de lycées et écoles
normales, etc...

La loi du 8 juin 1864 qui réglemente les cautionnements des receveurs des communes, hospices, bureaux de bienfaisance, asiles d'aliénés, dépôts de mendicité et autres établissements publics de bienfaisance.

Enfin les décrets des 27 et 28 mars 1893 portant règlement d'administration publique sur la comptabilité des fabriques et consistoires, décret qui exige des trésoriers de ces établissements certaines garanties.

CHAPITRE II

Des personnes soumises à l'obligation du cautionnement.

Notre intention n'est pas de donner ici une énumération complète des personnes que les lois administratives soumettent à l'obligation de fournir un cautionnement.

M. Fuzier Herman, dans son *Répertoire du Droit français*, consacre à cette étude, au mot « Cautionnement des Titulaires et comptables », un tableau dans lequel il examine, en même temps, les lois, décrets, ordonnances qui créent cette obligation et dans lequel il donne, en outre, d'utiles indications sur la nature et le montant des cautionnements. Nous renvoyons, pour plus de détails, à ce tableau.

Nous nous bornerons à dégager des nombreux actes administratifs qui régissent la matière quelques principes qui nous permettront d'indiquer quels sont, d'une façon générale, les fonctionnaires, les officiers ministériels et les adjudicataires auxquels cette obligation est imposée.

On peut dire qu'en principe tout comptable chargé du maniement de deniers appartenant à l'État, aux départements, aux communes, aux administrations ou établissements publics, doit fournir un cautionnement.

Les trésoriers-payeurs généraux, les receveurs particuliers des finances, les receveurs des Douanes, de l'Enregistrement, des Postes et Télégraphes, les agents comptables des différents ministères, les receveurs municipaux spéciaux, les receveurs des hospices et bureaux de bienfaisance, les receveurs des Caisses d'épargne privées, des établissements privés consacrés aux aliénés, rentrent dans cette catégorie de comptables.

Le principe s'applique non seulement aux comptables de deniers, mais aussi aux comptables de matière. C'est ainsi que les officiers-comptables du service de l'habillement, du harnachement, des vivres et subsistances militaires — les agents comptables de matières dans les différents services de la marine, — les gardes magasins des approvisionnements coloniaux, les gardes magasins des manufactures et entrepôts de tabacs, sont tenus de fournir un cautionnement.

Cette obligation se justifie par cette considération que le Trésor public, les départements, les communes, les administrations, les établissements publics, ont besoin d'être garantis contre la négligence, les abus, les prévarications de leurs préposés.

Mais on comprend moins facilement qu'une telle obligation soit également imposée à certains agents non comptables tels que les directeurs, inspecteurs, vérificateurs de l'Enregistrement, les directeurs, inspecteurs, sous-inspecteurs des Douanes, les directeurs, sous-directeurs, contrôleurs et commis principaux des Contributions Indirectes, les directeurs des manufactures et de la culture des tabacs, ingénieurs et contrôleurs des manufactures, sous-ingénieurs, inspecteurs de culture contrôleurs des magasins.

Le montant de ces cautionnements est déterminé la plupart du temps par la loi, le décret, l'ordonnance, qui a soumis le fonctionnaire au cautionnement ; dans certains cas, il est fixé par le ministre à chaque nomination (caissiers, comptables et gardes magasins de la déportation et de la transportation. D. des 16 février, 27 avril et 16 mars 1878. Régisseurs des ponts-et-chaussées en Algérie. Arr. du 9 février 1849).

Il est toujours fixe pour les agents non comptables et même pour quelques agents comptables. Il est variable, quand il est imposé aux agents comptables, et basé sur le montant annuel des recettes de ces agents, ou sur le montant annuel de leurs émoluments, quelquefois même sur la population de la ville où est exercée la fonction.

Les officiers ministériels (avocats à la Cour de cassation et au Conseil d'État, avoués, agents de change, greffiers, huissiers, commissaires-priseurs, notaires) sont également tenus de verser au Trésor un cautionnement basé sur la population de la ville où est situé leur office.

Le ministère de ces officiers étant obligatoire pour les particuliers dans la plupart des cas, le législateur a voulu compenser cette obligation par une garantie. Le cautionnement des officiers ministériels a donc pour but de garantir les particuliers contre les abus que les officiers pourraient commettre dans l'exercice de leurs fonctions.

Enfin sont encore assujettis au cautionnement les *adjudicataires* de travaux publics ou de marchés de fournitures de l'État, des départements, des communes, des administrations et établissements publics.

Ces cautionnements sont ou provisoires ou définitifs.

L'entrepreneur qui veut se présenter pour soumissionner des travaux publics ou des marchés de fournitures doit, d'après le décret du 18 novembre 1882, art. 4 et 7, complété par la circulaire du Ministre de l'Intérieur du 25 juillet 1889, se conformer aux clauses du cahier des charges, dressé par l'administration compétente à chaque adjudication.

Le cahier des charges oblige la plupart du temps l'entrepreneur à verser un cautionnement en numéraire, en rentes ou en bons du Trésor à la Caisse des Dépôts et Consignations.

Ce cautionnement n'a qu'un caractère de dépôt provisoire et doit être restitué au déposant dans le cas où le résultat de l'adjudication ne lui aurait pas été favorable.

L'entrepreneur devenu adjudicataire de travaux ou de marchés de fournitures doit lui aussi fournir, d'après le décret de 1882, un cautionnement pour assurer l'exécution de ses engagements.

C'est encore le cahier des charges qui indique le montant et la nature de ce cautionnement. (Rentes — numéraire — immeubles.)

Les cahiers des charges peuvent, s'il y a lieu, dispenser de l'obligation de déposer un cautionnement provisoire ou définitif.

Ils peuvent disposer que le cautionnement réalisé avant l'adjudication à titre provisoire, servira de cautionnement définitif.

Ils peuvent exiger des fournisseurs et entrepreneurs, à titre exceptionnel, des garanties telles que cautions personnelles et solidaires, dépôt de matière dans les magasins de l'État, etc. (art. 4 du décret du 18 novembre 1882 précité).

Le cautionnement est ordinairement réalisé en numéraire, en rentes sur l'État ou en bons du Trésor; il consiste quelquefois aussi, en une inscription hypothécaire consentie par l'assujetti sur ses immeubles ; il peut consister encore dans l'engagement personnel d'un tiers qui garantit les engagements de la personne soumise au cautionnement.

Les règles relatives à la réalisation et au retrait des cautionnements, aux droits des créanciers sur ces cautionnements varient avec leur nature.

L'examen de ces règles, fera l'objet des quatres chapitres suivants :

Chapitre III. — Des cautionnements en numéraire.

Chapitre IV. — Des cautionnements en rentes.

Chapitre V. — Des cautionnements en immeubles.

Chapitre VI. — Des cautions personnelles et des diverses autres garanties demandées aux fournisseurs et adjudicataires de travaux pour assurer l'exécution de leurs engagements.

CHAPITRE III

Des Cautionnements en Numéraire.

Nous diviserons en six paragraphes, l'étude de ce chapitre :

I. — De la réalisation du cautionnement en numéraire.
II. — Des intérêts du cautionnement en numéraire.
III. — Des droits des créanciers sur le cautionnement en numéraire.
IV. — Oppositions ou saisies-arrêts sur les cautionnements.
V. — Des divers modes d'affectation du cautionnement. — Changement de résidence. — Application à de nouvelles fonctions.
VI. — Du remboursement du cautionnement en numéraire.

I. — DE LA RÉALISATION DU CAUTIONNEMENT EN NUMÉRAIRE.

La réalisation du cautionnement est la première obligation que doive remplir tout fonctionnaire avant d'entrer en fonctions.

L'entrepreneur qui veut prendre part à une adjudication de travaux publics ou à un marché de fournitures doit, avant tout, consigner la somme exigée par le cahier des charges à titre de dépôt provisoire, et s'il est déclaré adjudicataire, il doit, avant de commencer ses travaux, compléter son cautionnement.

Les officiers ministériels qui sont astreints à prêter serment, ne peuvent le faire qu'en justifiant de la quittance de leur versement.

Cette obligation a toujours existé : l'art. 96 de la loi du 28 avril 1816 la mentionne formellement et le décret du 31 mai 1862, portant règlement général sur la comptabilité publique, l'étend, dans son art. 20, à tous les comptables. L'arrêté du 1er juin 1839 et le décret du 15 novembre 1882, contiennent également des dispositions dans ce sens.

Le versement du cautionnement doit être effectué tantôt dans les Caisses du Trésor, tantôt à la Caisse des Dépôts et Consignations et dans quelques cas particuliers, dans les Caisses des Monts-de-piété.

La Caisse des Dépôts et Consignations reçoit deux espèces de cautionnements :

1° Les cautionnements provisoires et les cautionnements définitifs des adjudicataires de travaux publics ou de marchés de fournitures de l'État, des départements, des communes et de certains établissements publics (arr. 1er juin 1839. Décret du 18 novembre 1882. Circ. Min. Int. aux préfets 1er juin 1889.)

2° Quelques cautionnements exigés par des lois décrets et réglements administratifs.

Tels que ceux des acquéreurs d'armes hors modèle ou réformées par le ministre de la guerre (D. du 14 novembre 1872. Instr. gén. sur le service des Consignations du 1er décembre 1872, art. 2 § 50).

Des sociétés de tir auxquelles l'État prête des armes. (Inst. gén. du 31 janvier 1878. Circ. m. du 24 déc. 1889.

Des individus qui veulent ouvrir des magasins généraux et des salles de ventes publiques.

Des percepteurs agissant comme receveurs d'associations syndicales formées par l'État pour le desséchement des marais, l'entretien des digues et canaux. (Inst. gon. min. des finances 20 juin 1859, art. 639. Inst. gén. des Consignations 1er décembre 1877, art. 2-42.)

Des fermiers d'octroi pour la garantie exigée par les communes dans lesquelles des octrois sont établis. Les cautionnements pour la garantie de l'État sont versés au Trésor.)(Déc. Min. Fin. 21 juin 1830; Inst. gén, des Consignations 1er décembre 1877, art. 2-44°).

Des caissiers de Caisses d'épargne privées. (D. du 15 avril 1852, art. 22.)

Des directeurs de prisons, dépôts, établissements privés consacrés au traitement des aliénés. (Ord. du 18 décembre 1839.) Receveurs de l'assistance publique, directeurs de théâtres, etc.

Les Caisses des Monts-de-piété reçoivent le dépôt des cautionnements de leurs caissiers, chefs de magasin, gardes magasin, des receveurs des hospices, des établissements publics consacrés aux aliénés, des dépôts de mendicité (O. 31 octobre 1821).

Tous les autres cautionnements sont réalisés dans *les Caisses du Trésor public.*

Les formalités que comporte la réalisation varient suivant qu'il s'agit d'un versement aux caisses du Trésor ou d'un versement à la Caisse des Dépôts et Consignations et à celle des Monts-de-piété.

Dans le premiers cas, c'est à Paris à la Caisse centrale du Trésor que les fonds doivent êtres déposés. Il est loisible cependant aux fonctionnaires ou officiers ministériel soumis à l'obligation du versement de réaliser leurs cautionnements dans les départements, ils doivent alors s'adresser aux trésoriers-payeurs généraux ou aux receveurs particuliers des finances. L'arrêté du 28 Germinal an VIII les y autorise (art. 1).

L'art. 800 de l'Instruction générale du 20 juin 1859 décide cependant que les trésoriers-payeurs généraux et les receveurs particuliers doivent verser leur cautionnement à la Caisse centrale du Trésor à Paris.

Il est permis toutefois aux receveurs particuliers d'opérer la réalisation de leurs cautionnements à la caisse des trésoriers-payeurs généraux (art. 801 de l'instruction précitée). Le trésorier-payeur général délivre un mandat à cinq jours de date, sur la Caisse centrale, avec la mention : payable en un récépissé du caissier-payeur central.

C'est ce récépissé qui sert à justifier de la réalisation du cautionnement et permet d'en toucher les intérêts, intérêts qui courent à dater du jour de sa délivrance.

L'art. 22 du décret du 22 août 1880 oblige également les agents consulaires à verser leurs cautionnements à la Caisse centrale du Trésor.

La partie qui réalise son cautionnement reçoit deux pièces: une déclaration de versement et un récépissé de la Caisse centrale du Trésor.

Ce récépissé doit être transmis au directeur de la Dette inscrite qui délive en échange un certificat définitif d'inscription revêtu du visa du contrôle. (Arr. du 24 Germinal, an VIII. D. du 31 mai 1862. Loi du 24 avril 1833.)

Ce certificat permet au titulaire de toucher les intérêts de son dépôt. Il est estampillé à chaque paiement d'intérêts.

Quant à la déclaration de versement, elle reste entre les mains du déposant jusqu'à la délivrance du certificat définitif. Elle lui permet jusque-là de justifier, s'il en est requis, de la réalisation de son cautionnement (1).

(1) Fuzier-Herman, *Répertoire du Dr. français*, v° *Caut. des titulaires*, p. 682.

Les cautionnements qui doivent être réalisés à la Caisse des Dépôts et Consignations sont versés à Paris à ladite Caisse et dans les départements aux caisses des receveurs des finances agissant, pour recevoir ces fonds, en qualité de préposés de la Caisse des Dépôts et Consignations.

Tout déposant doit signer, au moment où il effectue le versement de son cautionnement, une déclaration par laquelle il reconnait à l'administration un privilège de premier ordre sur les fonds déposés. Si le cautionnement est versé par un bailleur de fonds, sa déclaration doit être signée, en outre, par ledit bailleur de fonds, qui fait constater par une mention spéciale son privilège de second ordre.

Un simple récépissé est remis au déposant. Il n'y a plus ici, comme quand il s'agit d'un versement effectué au Trésor, de certificat d'inscription.

Ce récépissé permet au déposant de toucher, chaque année, les intérêts de son cautionnement (1).

S'agit-il d'un soumissionnaire de travaux publics devenu adjudicataire, il doit faire convertir en cautionnement définitif le dépôt provisoire effectué par lui antérieurement à l'adjudication. Il doit à cet effet se présenter, dans les dix jours qui suivent l'adjudication, à la Caisse des Dépôts et Consignations et y souscrire sa déclaration de constitu-

---

(1) Léon Say, *Dictionnaire des finances*, v° *Cautionnement*, p. 891.

tion. Passé ce délai, le préposé de la Caisse des Dépôts et Consignations doit effectuer d'office l'opération et garder le récépissé pour le délivrer à la partie quand elle se présentera.

Quant aux cautionnements que doivent fournir les caissiers, chefs de magasin, garde-magasin des Monts-de-piété, les receveurs des établissements publics consacrés aux aliénés, les receveurs des dépôts de mendicité, ils doivent être, conformément à l'ordonnance du 31 octobre 1821, versés à titre de dépôt dans les caisses des Monts-de-piété.

C'est au Mont-de-piété de la ville où se trouve l'établissement charitable que doit être effectué le dépôt ; s'il n'y a pas de Mont-de-piété dans la ville, mais qu'il y en ait un dans le département, celui-ci reçoit les fonds provenant du cautionnement. Le préfet, dans le cas où plusieurs Monts-de-piété existeraient dans le même département, désigne celui à la caisse duquel les fonds seront versés. S'il n'y en a pas dans le département, le ministre de l'Intérieur en désigne un dans les départements limitrophes.

D'après la loi du 14 juillet 1865 (art. 114), le cautionnement que doit fournir l'inculpé mis ou maintenu en liberté provisoire doit être remis entre les mains du receveur des actes judiciaires de l'enregistrement du lieu où siège le juge d'instruction chargé de l'affaire ou de celui où siège la juridiction chargée du fond de l'affaire (art. 121).

Le versement de ces fonds doit être opéré par le receveur, dans les vingt-quatre heures, à la Caisse des Dépôts et Consignations.

II. — INTÉRÊTS DES CAUTIONNEMENTS.

Le cautionnement en numéraire est toujours productif d'intérêts, qu'il soit déposé par les officiers ministériels ou les comptables dans les caisses du Trésor, par les adjudicataires de travaux publics à la Caisse des Dépôts et Consignations, ou bien encore dans les caisses de Monts-de-piété.

Il n'y a qu'une espèce de cautionnement en numéraire qui fasse exception à cette règle, c'est celui versé, en exécution du cahier des charges, par les entrepreneurs qui se proposent de soumissionner pour l'adjudication de certains travaux. Les fonds provenant de ces cautionnements figurent à la Caisse des Dépôts et Consignations sous un compte à part, dit des dépôts provisoires, et ne donnent lieu à aucun intérêt. Ils sont remboursés aussitôt après l'adjudication aux soumissionnaires non admis, le cautionnement du titulaire définitif restant seul à la Caisse. (Lois des 7 Ventôse an VIII, 18 janvier 1805, 15 septembre 1807, t. 8, art. 21, O. du 3 janvier 1816. — L.

du 28 avril 1816, art. 94. — Circ. du Min. Int. 18 juin 1845.)

Le cautionnement en numéraire reste, malgré son affectation spéciale, la propriété du déposant, l'État tire de ce dépôt un profit dont il doit indemniser le titulaire ; il est donc juste que les cautionnements en numéraire soient productifs d'intérêts.

Le Conseil d'État, par un arrêt du 30 décembre 1858 (Redon. D. P. 59-3-42), a décidé que les cautionnements versés dans les caisses de l'État ne produiraient pas d'intérêts si l'inscription sur les registres du Trésor n'en avait été opérée et réclamée.

Les intérêts des fonds déposés au Trésor commencent à courir à partir du versement. (L. 24 Germinal, an VIII). Les intérêts des capitaux déposés par les adjudicataires ou titulaires de fonctions à la Caisse des Dépôts et Consignations ne sont servis par la dite Caisse qu'à partir du soixante-unième jour de la date du versement. C'est ce que décident l'article 2 de la loi du 18 janvier 1805 et l'ordonnance du 3 janvier 1816.

Un avis du Conseil d'État du 24 mars 1809 décide que, par application de l'article 2277 du C. C., les intérêts des cautionnements se prescrivent par cinq ans. Néanmoins, d'après la loi du 29 juin 1831, la prescription ne court pas contre les titulaires des cautionnements lorsque le défaut d'ordonnancement et de paiement des intérêts provient du fait de l'Administration.

Quant au *taux* de ces intérêts, il a beaucoup varié avec les époques. C'est ainsi que les officiers ministériels qui devaient, à l'origine, recevoir un intérêt de 5 0/0 ne reçurent plus en 1807 (loi du 15 septembre), qu'un intérêt de 4 0/0.

Les cautionnements de tous les comptables à l'exception de ceux toutefois qui relevaient du Trésor public furent réduits également au même taux de 4 0/0 par la loi de 1807. Les receveurs communaux n'avaient droit aussi qu'à un intérêt de 4 0/0.

Les receveurs généraux recevaient en l'an VIII un intérêt de 10 0/0, cet intérêt est abaissé à 7 0/0 en l'an IX, à 6 0/0 en l'an X et à 5 0/0 par la loi du 17 septembre 1807. Ramené à 3 0/0 par la loi du 4 août 1844, il a encore été l'objet d'une disposition spéciale de la loi de finances du 28 avril 1893 qui décide dans son article 55 que « le taux d'intérêts des cautionnements des trésoriers-payeurs généraux dont les émoluments dépasseront 25.000 francs ne sera que de 2 fr. 50 0/0 pour la portion de ces cautionnements excédant 200.000 francs.

L'intérêt des cautionnements des receveurs particuliers avait été fixé, à l'origine, à 6 0/0. La loi du 28 avril 1816 n'avait pas réduit cet intérêt et elle avait décidé que l'intérêt ne serait fixé à 4 0/0 que pour les cautionnements nouvellement créés. Ce fut l'ordonnance du 31 octobre 1824 qui abaissa à 4 0/0 le taux de l'intérêt des cautionnements des comptables relevant directement du Trésor et de tous autres titulaires.

En 1844 la loi de Finances du 4 août réduit par son article 7 à 3 0/0 l'intérêt des cautionnements. Dans le projet du gouvernement la réduction à 3 0/0 ne devait porter que sur les cautionnements des officiers ministériels. Mais lors de la discussion du projet à la Chambre un député demanda que cette mesure fût étendue à tous les cautionnements et cet amendement passa définitivement dans la loi.

Les fonds qui constituent le cautionnement peuvent être fournis par un tiers. Le bailleur de fonds n'est pas tenu de se contenter d'un intérêt de 3 0/0, il peut exiger un intérêt supérieur, 4 ou 5 0/0, par exemple, de sa créance. La question avait fait difficulté en 1827 et la Cour de Rouen en avait été saisie. Elle décida, par un arrêt du 4 décembre de la même année...

« Que la fixation de l'intérêt du cautionnement ne pouvait pas être considérée comme étant d'ordre public ; qu'elle était simplement établie dans l'intérêt du Trésor, et que rien n'empêchait les bailleurs de fonds de stipuler un intérêt supérieur à celui fixé par les lois administratives. »

Les intérêts sont ordonnancés au 31 décembre de chaque année, par le ministre des Finances, pour les cautionnements versés au Trésor (L. du 29 Floréal an VIII), par la

Caisse des Dépôts et Consignations pour les adjudicataires de travaux publics et les fonctionnaires qui doivent effectuer leurs versements à cette Caisse (Ord. du 3 janvier 1816). Par les caisses des Monts-de-piété pour les cautionnements qu'elles reçoivent (Cir. M. Int. 14 juin 1845).

Le paiement peut être fait soit au titulaire, soit au bailleur de fonds, soit à tous autres ayants-droits (L. du 24 Germinal an VIII, art. 4).

Il a été jugé (Bordeaux, 25 avril 1833, Montasier, S. 33, 2, 462) que lorsqu'il y avait un bailleur de fonds et jusqu'à la cessation des fonctions de l'officier ministériel, les intérêts du cautionnement devraient être payés au bailleur de fonds par préférence.

III. — DROITS DES CRÉANCIERS SUR LE CAUTIONNEMENT

Les cautionnements des fonctionnaires et des officiers ministériels sont affectés, par privilège de premier ordre, au paiement des créances pour faits de charge, et par privilège de second ordre, au remboursement des bailleurs de fonds qui ont fourni tout ou partie du cautionnement.

La loi accorde en outre, aux créanciers ordinaires, un recours subsidiaire sur les fonds qui n'auraient pas été absorbés par les créanciers privilégiés.

Un arrêt du Conseil du roi, du 17 février 1779, organisait déjà le privilège de second ordre des bailleurs de fonds.

« Il sera permis, disait cet arrêt, aux préposés et receveurs ayant emprunté pour payer leurs cautionnements d'en faire insérer la déclaration dans le récépissé de caisse, afin de conserver le privilège des prêteurs sur les dites finances, lequel néanmoins n'aura lieu qu'après le privilège du roi, de ses fermiers, administrateurs et régisseurs généraux. »

La loi du 25 Nivôse an XIII déterminait dans les termes suivants les droits respectifs des créanciers des titulaires des cautionnements, art. 5 : « Les cautionnements fournis par les agents de change, les courtiers de commerce, les avoués, huissiers, greffiers et commissaires-priseurs sont, comme ceux des notaires, affectés, par premier privilège, à la garantie des condamnations qui pourraient être prononcées contre eux par suite de l'exercice de leurs fonctions — par second privilège, au remboursement des fonds qui leur auraient été prêtés pour tout ou partie de leur cautionnement et subsidiairement au paiement, dans l'ordre ordinaire, des créances particulières qui seraient exigibles sur eux. »

Les dispositions de cet article 5 ont été étendues par la loi du 6 Ventôse an XIII aux receveurs généraux et particuliers et à tous les autres comptables et préposés assujettis au cautionnement.

Il convient de remarquer que les cautionnements déposés à la Caisse des Dépôts et Consignations, par les entrepreneurs de travaux publics ou de marchés de fournitures, peuvent être également affectés, par privilège de premier ordre, au paiement des condamnations prononcées au profit de l'État, des départements ou des communes contre ces entrepreneurs, à l'occasion de leurs travaux ou de leurs fournitures. Un privilège de second ordre peut également exister au profit des bailleurs de fonds qui ont fourni ces cautionnements.

Mais l'existence de ces privilèges est soumise à l'observation de certaines formalités. Il faut que l'administration ait fait signer au déposant, au moment du versement du cautionnement, une déclaration aux termes de laquelle il lui reconnaît un privilège de premier ordre.

S'il s'agit d'un cautionnement versé par un bailleur de fonds la déclaration doit être signée et par le titulaire et par le bailleur de fonds, qui fait constater, par une mention spéciale, son privilège de second ordre.

Examinons successivement :

1° Les droits des créanciers pour faits de charge.

2° Les droits des bailleurs de fonds.

3° Les droits des créanciers ordinaires.

4° Les oppositions ou saisies-arrêts sur les cautionnements.

1. — *Droits des créanciers pour faits de charge.*
A — *Faits de charge.*

Les *faits de charge* donnant un privilége sur le cautionnement des officiers ministériels et des fonctionnaires publics s'entendent des faits relatifs à l'exercice de la fonction, des actes qui sont la conséquence même de cet exercice, qui proviennent *ex necessitate officii*, comme le disait Loiseau. (*Traité des Offices*. Livre III. ch. 8, n° 55.)

Le Code civil, art. 2102 § 7, dispose que « les abus et prévarications commis par les fonctionnaires publics *dans l'exercice de leurs fonctions* » donnent, aux créanciers qui en ont été victimes, un privilége sur le cautionnement.

L'art. 5 de la loi du 25 Nivôse an XIII affecte les cautionnements des fonctionnaires « à la garantie des condamnations qui pourraient être prononcées contre les fonctionnaires *par suite de l'exercice de leurs fonctions*. »

Toutes les fois donc qu'une personne aura été victime de l'impéritie, de la négligence, des abus, des prévarications d'un fonctionnaire public, la condamnation par elle obtenue contre ce fonctionnaire sera privilégiée sur son cautionnement.

C'était la théorie consacrée par l'ancienne jurisprudence. Loiseau (*Traité des Offices*, précité). Basnage (*Traité*

des Hypothèques ch. 14). C'est encore celle de notre jurisprudence actuelle.

Ainsi la Cour de Cassation a décidé dans un arrêt du
14 mars 1849 (Sellier, S. 49. 1. 508) qu'il y a fait de
charge donnant naissance au privilége de premier ordre
sur le cautionnement, dans le détournement que fait
l'huissier du montant d'un billet à ordre à lui remis par
le souscripteur sur l'assignation donnée à la suite du
protêt.

Il y a également fait de charge quand un notaire détourne une somme à lui remise pour le couvrir des frais,
débours, honoraires d'un acte à payer ultérieurement
(Douai, 17 mai 1850. Vaillant. S. 50. 2. 109).

Il en est de même lorsqu'un notaire s'approprie tout ou
partie des sommes provenant de la vente du mobilier
d'une succession pour laquelle il a été commis par justice. (Nimes, 12 juillet 1852. Daucourry. D. 53. 2. 3.)

De même encore il y a fait de charge quand un agent
de change retient le prix d'une vente de valeurs par lui
opérée (Lyon, 20 mars 1874. S. 74. 2. 109.) ; ou bien
quand il dispose, pour ses affaires personnelles, de titres
qui ne lui appartenaient pas. (Lyon, 12 mars 1875.
de Villebrenne, S. 76. 2. 132.)

Citons quelques cas dans lesquels la jurisprudence décide qu'il n'y a pas faits de charge.

Le détournement par un agent de change d'une somme

à lui remise avec mandat de l'envoyer à une Bourse autre que celle à laquelle il est attaché, pour y servir à l'achat de certains effets publics, ne constitue pas, d'après la Cour de Cassation (31 janvier 1859. Ponsard. S. 60. 1. 376), un fait de charge entraînant au profit du mandant, privilège sur le cautionnement de cet agent de change. Il s'agit là, en effet, d'un acte qui n'est pas la conséquence de la fonction.

De même encore un avoué est nommé curateur à une succession vacante ; il détourne une somme qu'il avait encaissée pour le compte de la succession. Ce détournement ne constitue pas un fait de charge d'après un arrêt de la Cour de Lyon du 30 avril 1852 (Gervais. S 52. 2. 335).

La Cour de Cassation, dans un arrêt du 31 juillet 1817, décide que le notaire qui dissipe les fonds qui lui ont été remis pour les frais et l'enregistrement d'un acte ne commet pas un détournement pouvant donner lieu au privilège de premier ordre sur son cautionnement.

Elle décide également, dans deux autres arrêts, l'un du 18 novembre 1834, (Barre, S. 34. 1. 77), l'autre du 18 janvier 1854, (Guyot, S. 54. 1. 198) qu'il n'y a pas fait de charge, de la part d'un notaire qui, devant placer une somme d'argent, l'emploie à ses affaires personnelles et ne la restitue pas au dépositaire.

La Cour de Rouen (arrêt du 15 février 1838. Jamet. S. 39. 2. 105) ne considère pas non plus comme pouvant donner ouverture au privilège de premier ordre, le détournement que fait le notaire qui a reçu un acte de vente du prix de cette vente, saisi par l'acquéreur entre ses mains pendant les délais de la purge.

On ne peut pas considérer, d'après la Cour de Paris (arrêt du 11 mars 1852. Grévot. S. 52. 2. 176), comme susceptible d'être privilégiée, la condamnation prononcée contre un notaire à raison de la responsabilité par lui encourue à la suite d'un mauvais placement.

La créance de la Régie contre les officiers ministériels pour le recouvrement des droits d'enregistrement et de timbre est-elle privilégiée, comme fait de charge ?

Cette question est controversée. M. Dalloz (Répertoire. *Cautionnement des fonctionnaires et titulaires*, p. 33) soutient la négative en se basant sur cette idée que les dispositions concernant les privilèges sont de droit étroit et ne sauraient être étendues en dehors des cas spécialement indiqués par les lois.

Cette opinion est également partagée par MM. Championnière et Rigaud, dans leur *Traité des Droits d'Enregistrement*. T. 4, n° 3906.

« Pour jouir du privilège accordé par les lois du 25 Ventôse an XI et 25 Nivôse an XIII, il faut être porteur d'un jugement, disent ces auteurs ; or les droits d'enregistrement sont recouvrés par voie de contrainte et la Régie ne peut obtenir aucune condamnation quand il n'y a pas d'opposition aux poursuites. De là il suit que le privilège ne pourrait être exercé qu'à l'égard des droits litigieux et jamais pour ceux dont l'existence ne serait pas contestée. Ce serait absurde et c'est un motif de croire que les lois précitées n'ont pas eu en vue les fonctions confiées à la Régie. »

Néanmoins certains auteurs estiment que les termes de la loi sont si étendus — *condamnations résultant d'abus* — que ce privilège doit être accordé à la Régie sur les cautionnements des notaires pour paiement des droits d'enregistrement dus à raison de tout acte passé devant eux, et que ce privilège ne peut être restreint aux droits d'enregistrement dont les notaires ont reçu le montant de la part des parties contractantes.

La Cour de Cassation a adopté cette opinion dans un arrêt du 25 juillet 1827 (1).

A l'égard des amendes prononcées au profit du fisc, la question est encore plus débattue.

Les auteurs qui estiment que le Trésor a un privilège sur le cautionnement des titulaires pour le paiement des amendes prononcées contre eux à l'occas'on de l'exercice de leurs fonctions, invoquent à l'appui de leur opinion la jurisprudence ancienne, les articles 2098, 2202 du Code civil et la loi du 5 septembre 1807.

(1) Voir en ce sens : *Dictionnaire des Droits d'enregist.*, v° *Notaires*, p. 125 ; instruction générale de la Régie, 1829, § 8.

Les lois romaines considéraient, disent ces auteurs, les amendes comme une peine qui ne pouvait être exigée qu'après que tous les créanciers du fonctionnaire avaient été désintéressés. *Fisco non esse pœnam petendam nisi creditores suum recuperaverint*, dit la loi 37, au *Digeste*, *De jure fisci*. La loi 17 ajoute : *fiscalium pœnarum petitio creditoribus postponitur*.

Tel était aussi le principe admis dans notre ancienne jurisprudence. Loiseau l'atteste dans son *Traité des Offices* (Liv. 1, ch. 4). C'est aussi l'opinion de Basnage qui rapporte, en ce sens, un arrêt du Parlement de Paris du 2 mars 1667.

Notre législation actuelle semble, elle aussi, avoir consacré ce principe, en décidant dans l'article 2098 du Code civil « que le Trésor public ne peut obtenir de privilège au préjudice des droits antérieurement acquis à des tiers », et dans l'article 2202 du Code civil qui dispose que les dommages et intérêts des parties seront payés sur les cautionnements des conservateurs des hypothèques avant les amendes encourues par ces fonctionnaires. La loi du 5 septembre 1807 ajoute encore, prétendent-ils, un argument à leur théorie. Cette loi qui a trait aux frais en matière correctionnelle et de police, accorde au Trésor public un privilège pour le recouvrement de ces frais, mais elle veut qu'il ne soit exercé qu'après le privilège du créancier gagiste et celui des créanciers pour faits de charge. Cette loi doit, puisqu'elle s'applique aux frais, s'appliquer à plus forte raison aux amendes (1).

La jurisprudence est d'ailleurs portée à statuer dans ce sens ; c'est ainsi que la Cour de Cassation a décidé, dans un arrêt du 7 mai 1816, que les créanciers d'un agent de change ont privilège sur le cautionnement de cet officier ministériel au préjudice du fisc, qui prétendrait en vain recouvrer sur ce cautionnement le montant d'amendes, auxquelles l'agent de change aurait été condamné (2).

Quoi qu'il en soit, certains auteurs admettent que le privilège de la Régie sur le cautionnement d'un titulaire doit s'appliquer aux amendes dont elle a obtenu la condamnation contre ce dernier.

Ils estiment que les termes mêmes de la loi du 25 Nivôse an XIII ne permettent pas de restreindre le privilège du Trésor.

Cette loi dit en effet « que les cautionnements fournis par les titulaires sont affectés à la garantie des condamnations prononcées contre eux, *par suite de l'exercice de leurs fonctions* ».

La loi ne distingue pas, elle comprend toutes les condamnations qui peuvent être prononcées contre un officier

(1) En ce sens : Troplong, *Tr. des Hypoth.*, n° 95 et 210. Dard, *Traité des Offices*, page 43.

(2) Paris, 21 janvier 1857 ; Rouen, 3 septembre 1856 ; Cassation, 26 juillet 1858.

ministériel, celles pour contraventions aussi bien que les autres. Il n'y a d'ailleurs pas de raison de faire une exception, en ce qui concerne les amendes, les cautionnements sont, en effet, une sûreté donnée à l'État comme au citoyen contre les infractions des officiers ministériels.

On invoque encore à l'appui de cette opinion deux arrêts de la Cour de Cassation, le premier du 11 juin 1811 et le second du 4 février 1852, ainsi que deux Instructions de la Régie des 19 Germinal an XIII et 1er août 1806. Mais nous ne croyons pas cependant que cette doctrine soit dans l'esprit des lois qui ont institué le privilège (1).

B. — *Etendue du privilège*

Le privilège pour fait de charge est absolu dans sa portée, il affecte le capital du cautionnement aussi bien que les intérêts. L'art. 2102 § 7 du Code civil le dit expressément et la loi du 25 Ventôse an XIII le répète.

Quelques auteurs vont même jusqu'à prétendre que notre privilège porte, comme anciennement, sur le prix de l'office (2). Mais il semble que c'est faire là une extension

(1) En ce sens : Rolland de Villargues, *Rep. du Not. Caution.*, n° 15 ; Roger, *Saisie-arrêt*, n° 15.

(2) Dard, *Traité des Offices*, p. 461 et suiv. ; Rolland de Villargues, *Répertoire du Not.*, *Faits de charge*, p. 26 et *Offices*, p. 104.

que n'autorisent pas les lois, il faudrait pour qu'un tel privilège pût exister sur le prix de l'office, une disposition de loi que nous ne trouvons pas.

Cette opinion n'a pas prévalu et il est aujourd'hui de jurisprudence constante que les faits de charge d'un officier ministériel n'entrainent de privilège que sur le cautionnement et non sur l'office (Bordeaux, 28 janvier 1864, Fety, S. 64-2-229) (1).

L'exercice du privilège n'est pas soumis à la discussion préalable des biens du débiteur (Cass. Ch. des Req., 30 mars 1831, Cuoq. S. 31-1-423).

« Telle est même la force du privilège, dit M. Dalloz (*Repert.*), que lorsqu'un garde magasin a été autorisé par le ministre de la guerre à combler un déficit en remplaçant en nature les denrées manquantes, les vendeurs n'ont de recours à exercer que contre le garde magasin et, s'il est en débet, l'État doit être payé le premier par privilège sur le cautionnement. (Conseil d'État, 22 août 1834, Puech et Mendisco).

Le privilège frappe sur le cautionnement tout entier, sur celui qui a d'abord été versé aussi bien que sur celui qui ne l'a été qu'à titre de supplément.

Il ne peut pas y avoir de difficulté quand il s'agit d'un

____

(1) En ce sens : Pont, *Traité des Privilèges et Hyp.*, p. 172. Boileux : *Comment. du C. C. sur l'art. 2102*, p. 228 ; Mollot : *Bourse de Commerce*, p. 562.

cautionnement destiné à garantir l'exercice d'une seule fonction. Mais en est-il de même quand il s'agit d'un versement destiné à garantir une gestion nouvelle ? La question a été soulevée à propos du cautionnement supplémentaire que sont tenus de fournir les percepteurs en tant que receveurs des communes. La Cour de Caen devant laquelle l'affaire avait été portée décida, par un arrêt du 30 mai 1837 (C°° de Vetrot. S. 38-2-68), dans le sens de l'affirmative.

Il convient d'observer que la conservation du privilège, qui nous occupe, n'est soumise à aucune formalité et que ce privilège subsiste tant que la dette n'a pas été éteinte par l'une des causes indiquées au Code civil, art. 1234.

Mais une difficulté s'élève en ce qui concerne l'exécution des condamnations pour faits de charge obtenues contre les officiers ministériels et les fonctionnaires. Cette exécution peut-elle être immédiate, ou bien doit-elle être différée jusqu'au décès, la démission ou la destitution du titulaire ? En d'autres termes la saisie opérée par un créancier pour fait de charge sur le cautionnement ne vaudra-t-elle que comme acte conservatoire ?

La question, dit M. Fuzier Herman (1), ne peut soulever aucune difficulté en ce qui concerne les intérêts.

Un arrêt de la Cour de Cassation du 6 janvier 1840 (Vas-

(1) *Répert. du Dr. français. Cautionn. des Titulaires*, p. 125.

sal 10-1-16) a jugé spécialement que le droit des créanciers ordinaires ne pouvait être arrêté par les créanciers bailleurs de fonds, à plus forte raison, ajoute cet auteur, ne peut-il l'être pour les créanciers pour faits de charge.

Mais la question est controversée en ce qui concerne le capital.

Certains fonctionnaires ont soutenu que leur cautionnement était inviolable jusqu'au jour de la cessation de leurs fonctions ; et, le Trésor qui, sur le vu d'un jugement passé en force de chose jugée ou de tel autre titre régulier, avait toujours consenti à se dessaisir des fonds du cautionnement jusqu'à due concurrence, a refusé depuis de satisfaire aux demandes des créanciers.

Ils ont prétendu que permettre au créancier de se faire délivrer tout ou partie des fonds du cautionnement, c'était lui reconnaître indirectement le droit d'obliger le titulaire à démissionner, l'intégralité du cautionnement devant toujours être maintenue sous peine de suspension et même de révocation ; qu'un tel pouvoir n'appartenait qu'au gouvernement qui nomme les titulaires ; « que d'autre part, lorsqu'un cautionnement a été déposé, les choses sont à l'égard de tiers, comme si le capital était sorti en quelque sorte du patrimoine du titulaire ou s'il ne s'y trouvait que conditionnellement et à charge par lui et ses créanciers d'exiger du Trésor les intérêts » (1).

(1) Dalloz *Répert. caution. des fonction.*

La jurisprudence est dans ce sens (arrêts du 15 février 1823, Grenoble ; — du 18 avril 1833, Bordeaux ; — du 25 avril 1833, Bordeaux.

Cependant M. Dard (1), estime « que le porteur d'une condamnation pour fait de charge pourrait, avant l'événement de l'une des conditions qui donnent lieu à la cessation des fonctions du titulaire de l'office, faire afficher pendant trois mois l'expédition du jugement ou de l'arrêt obtenu par son débiteur, dans le lieu des séances du tribunal ou de la Cour près desquels exerce le titulaire de l'office et où il a été reçu, en annonçant qu'il est dans l'intention de faire exécuter ce jugement ou cet arrêt sur les fonds du cautionnement et que si pendant le délai de trois mois, il ne survenait pas d'autres créanciers opposants pour frais de charge, le cautionnement serait purgé du privilège accordé à ces créanciers et le ministre des Finances pourrait payer le montant des condamnations pour faits de charge, sans être exposé à aucun recours de la part des créanciers qui n'auraient pas formé opposition ».

Mais il convient de remarquer que cette façon de procéder, si excellente qu'elle puisse paraître, n'est prescrite nulle part.

L'opinion contraire s'appuie sur quatre arrêts de la Cour

(1) *Traité des Offices*, p. 95 et suiv.

de Cassation, le premier du 11 juin 1811, le second du 7 juin 1814, le troisième du 26 mars 1821 et le dernier du 4 février 1822 (1).

Cette jurisprudence semble d'ailleurs pleinement justifiée par la considération suivante. Le but du législateur en instituant le cautionnement a été de garantir les créanciers pour faits de charge contre les abus, les prévarications, l'impéritie, la négligence des officiers ministériels ou des fonctionnaires publics ; il n'a pu, dans ces conditions, vouloir les forcer à attendre, pour exercer leurs droits, une époque où tout recours fût devenu peut-être illusoire

C'est sans doute pour ce motif que l'Instruction générale de la Régie du 5 mars 1858 décide qu'au cas où aucune opposition n'existerait sur le cautionnement, le créancier pour fait de charge pourra obtenir la remise des fonds jusqu'à due concurrence. Il n'aura, pour obtenir cette remise, qu'à produire un certificat délivré par le greffier du tribunal et visé par le président. Le Trésor, après examen du registre des oppositions, devra payer.

Enfin ce droit des créanciers pour faits de charge a paru si favorable, qu'il a été jugé qu'il pourrait être réclamé avant toute condamnation obtenue contre le titulaire, par voie de simple opposition au remboursement. (Limoges, 19 novembre 1842, Bonabry, S. 43-2-138.)

(1) En ce sens : Rolland de Villargues, *Traité du Notariat*, n. 88.

Reste à examiner une question controversée. C'est celle de savoir dans quel ordre les créanciers pour faits de charge doivent être appelés à exercer leur privilège sur les cautionnements des officiers ministériels et des comptables.

M. Duranton, T. 19, n° 157, dit à ce propos : « Les divers particuliers qui ont été lésés pour abus ou prévarications du fonctionnaire public ayant un privilège de même qualité, de même rang, sont payés par concurrence, sans égard à la différence des dates, abus ou prévarications et sans égard aussi à la date des oppositions fournies pour ces causes. Les lois de la matière n'assignent pas de préférence à la priorité de l'opposition; par conséquent on reste dans le droit commun. Or de droit commun la priorité de l'opposition ne donne pas de préférence.

M. Dumesnil *Traité du Trésor public)*, exprime en ces termes la même opinion : « Ces cautionnements sont meubles, par conséquent ils n'ont pas de suite par hypothèque et comme, ni les lois spéciales sur les cautionnements, ni le Code civil n'ont attribué un rang de préférence entre les créanciers pour faits de charge, on doit tenir pour constant qu'ils doivent venir concurremment sur le capital et sur les intérêts du cautionnement ».

A Rome, où la théorie des faits de charge était connue, la loi 9 § 2. D. *de privil. credit.* décidait qu'il devait y avoir concurrence entre les créanciers.

C'est également l'opinion de Basnage dans son *Traité des Hypothèques*, ch. 14.

La question semble faire plus de difficultés quand il s'agit d'un comptable ayant exercé ses fonctions dans plusieurs résidences pour lesquelles il n'a été versé qu'un supplément de cautionnement.

M. Dumesnil estime également, dans son *Traité du Trésor*, que la loi de concurrence doit être encore appliquée, mais « avec ce tempérament toutefois que les cautionnements ou suppléments versés pour chaque résidence sont le gage spécial des créanciers pour faits de charge commis pendant la gestion pour laquelle ce cautionnement ou supplément a été versé.

2. — *Droits des créanciers bailleurs de fonds.*

Les bailleurs de fonds du cautionnement jouissent, par application du principe posé par l'art. 2103 §§ 2 et 5, d'un privilège sur les fonds qu'ils ont prêtés au titulaire du cautionnement, privilège qui ne peut être exercé qu'après celui des créanciers pour faits de charge, et que les auteurs appellent, pour ce motif, *privilège de second ordre.*

A. — *Formalités requises pour l'existence et la conservation de ce privilège.*

L'existence et la conservation de ce privilège sont soumises à l'observation de certaines formalités qui sont exigées par la loi du 25 Nivôse an XIII et les décrets du 25
août 1808 et 22 décembre 1812, en ce qui concerne les
cautionnements des fonctionnaires et officiers ministériels.
Nous verrons que le même privilège existe au profit des
bailleurs de fonds qui ont fourni les cautionnements déposés à la Caisse des Dépôts et Consignations, par les fournisseurs ou entrepreneurs de l'État, et que ce privilège
est soumis, quant à son existence et à sa conservation,
à des formalités différentes.

Examinons tout d'abord la loi du 25 Nivôse an XIII.

L'art. 4 de cette loi décidait que notre privilège serait
assuré aux bailleurs de fonds par une déclaration faite à
la Caisse d'amortissement, lors de la réalisation du cautionnement.

Le décret du 28 août 1808 chercha à faciliter aux titulaires les emprunts dont ils auraient besoin pour leur cautionnement. L'art. 1 de ce décret décidait, en conséquence,
que « les prêteurs de fonds pour cautionnement qui n'au-

raient pas fait remplir à l'époque de la prestation de serment les formalités exigées par les art. 2, 3, 4 de la loi
du 25 Nivôse an XIII, pour s'assurer de la jouissance du
privilège de second ordre, pourraient l'acquérir à quelque
époque que ce fût, en rapportant au Bureau des Oppositions établi à la Caisse d'amortissement, en exécution de
la susdite loi de Ventôse, la preuve de leur qualité et mainlevée des oppositions existantes sur le cautionnement ou
le certificat de non opposition du tribunal de première
instance. »

Les art. 2 et 3 du décret ajoutaient « qu'il serait délivré
aux prêteurs de fonds inscrits sur les registres des oppositions et déclarations de la Caisse d'amortissement et sur
leur demande, un certificat conforme au modèle annexé
et que les prêteurs de fonds ne pourraient exercer le privilège de second ordre qu'en représentant le certificat,
à moins cependant que leur opposition ou la déclaration
faite à leur profit ne fût consignée aux registres des oppositions et déclarations de la Caisse d'amortissement; faute
de quoi ils ne pourraient exercer de recours contre la Caisse
d'amortissement que comme les créanciers ordinaires et
en vertu des oppositions qu'ils auraient formées aux
greffes des tribunaux indiqués par la loi. »

Ce décret présentait donc de réels avantages et pour les
bailleurs de fonds et pour les titulaires de cautionnements.
Mais il donna bientôt naissance à des abus. Souvent des

fonctionnaires ou des officiers ministériels attribuèrent par des déclarations mensongères des prêts à des créanciers qui n'avaient pas, en réalité, avancé les fonds nécessaires au cautionnement.

Le décret du 22 décembre 1812 eut pour objet d'empêcher ces abus, et à cet effet il multiplia les formalités à remplir pour entourer de garanties plus sérieuses les déclarations des titulaires.

Il prescrivit notamment (art. 1) que ces déclarations seraient faites conformément à un modèle annexé audit décret ; il ajouta qu'elles seraient reçues par un notaire et qu'elles devraient être légalisées par le président du tribunal de l'arrondissement où la fonction devait être exercée.

L'art. 6 du décret reproduisant les dispositions de l'ar. 3 du décret du 28 août 1808 obligeait le titulaire à présenter sa déclaration au Trésor sur les registres duquel elle devait être enregistrée à peine de nullité. Le Trésor devait délivrer au bailleur de fonds un certificat constatant cet enregistrement.

L'article 2 du décret décidait que « dans le cas où le versement à la Caisse d'amortissement serait antérieur de plus de huit jours à la date de ces déclarations, elles ne seraient valables qu'autant qu'elles seraient accompagnées du certificat de non-opposition, délivré par le greffier du tribunal du domicile des parties, dont il serait fait mention dans lesdites déclarations, lesquelles, au surplus, ne seraient admissibles à la Caisse d'amortissement, s'il y avait des oppositions à cette Caisse, que sous la réserve de ces oppositions. »

Ainsi le bailleur de fonds a un délai de huitaine à partir de la réalisation du cautionnement pour accomplir toutes les formalités requises pour la conservation de son privilège. Aucune opposition ne peut être reçue à son préjudice pendant cette huitaine ; c'est seulement passé ce délai qu'il est primé par les oppositions antérieures à la déclaration de deniers.

Si l'inscription n'a pas été prise par suite de la négligence des agents du Trésor, le bailleur de fonds n'aura pas à en souffrir et c'est le Trésor qui devra supporter les conséquences pouvant résulter de cette négligence. C'est ce que décide un arrêt de la Cour de Bourges du 8 mars 1844 rapporté par Sirey, dans son *Recueil des arrêts*, année 1845, 2ᵉ partie, page 491.

Le décret de 1812 n'exigeait pas du prêteur la preuve authentique que les fonds employés pour fournir le cautionnement appartenaient en totalité ou en partie au créancier au profit duquel la déclaration de privilège de second ordre avait été faite. Il en résulta que les abus que le législateur de 1812 avait voulu réprimer continuèrent à se produire. « La tolérance de l'administration, dit M. Dalloz, alla même jusqu'à délivrer des déclarations à un deuxième ou troisième bailleur de fonds, après une première déclaration devenue sans objet par le remboursement du prêt fait au titulaire de l'office. Il est cependant évident, ajoute cet auteur, que le second ou le troisième bailleur de fonds n'avait pas fourni les deniers pour le cautionnement, puisque le prêt qu'il avait fait était postérieur à l'époque du versement des fonds qui avaient été prêtés par d'autres bailleurs déjà remboursés. »

Aussi la jurisprudence posa-t-elle en principe que le privilége de second ordre sur les cautionnements ne pouvait être valablement stipulé qu'au profit de ceux qui avaient réellement fourni les fonds du cautionnement.

La Cour de Paris a jugé, en conséquence, que le titulaire d'un office ne pouvait, après avoir fourni de ses propres deniers un cautionnement, conférer un privilége de second ordre à un tiers en déclarant que les fonds du cautionnement appartenaient à ce tiers. (Paris, 9 décembre 1852 : Sirey, 52-2-622.)

Mais qu'arrivera-t-il si le titulaire du cautionnement fait une déclaration de versement au profit d'un de ses créanciers, bien qu'en réalité la réalisation du cautionnement ait été opérée à l'aide de ses propres deniers?

Le privilége de second ordre existera au profit de celui qui aura été déclaré avoir versé les fonds, mais les parties intéressées pourront toujours prouver que les fonds n'ont pas été versés par le bailleur apparent, et le privilége tombera. (Chambéry, 14 décembre 1872. Banque de Savoie ; Sirey, 73, 2, 231.)

Telles sont les formalités ordinairement employées pour acquérir et conférer le privilège de second ordre des bailleurs de fonds : mais il existe d'autres moyens pour parvenir au même but. La loi du 25 Nivôse an XIII autorise, en effet, tous les créanciers à former opposition sur les fonds du cautionnement. Les bailleurs de fonds peuvent donc former cette opposition. Nous verrons ultérieurement quelles sont les conditions requises pour sa validité. Disons immédiatement que cette opposition doit, conformément aux décrets du 25 août 1808, article 3, et du 22 décembre 1812, article 4, être formée au Trésor.

Elle doit être renouvelée tous les cinq ans (L. du 9 juillet 1836, art. 14 ; 8 juillet 1837, art. 11), tandis que le privilège dure autant que l'affectation elle-même du cautionnement.

Le droit de réserver le privilège de second ordre au profit des bailleurs de fonds appartient à tous les officiers ministériels et à tous les comptables ; il est bon d'observer cependant que le décret du 16 septembre 1867 a apporté à ce droit une certaine restriction, en ce qui concerne les trésoriers-payeurs généraux et les receveurs particuliers. L'article 5 dudit décret oblige ces comptables à posséder en toute propriété la moitié de leur cautionnement.

Nous savons qu'en ce qui concerne les cautionnements

qui doivent être versés à la Caisse des Dépôts et Consignations, le **privilége** de second ordre n'existe au profit des bailleurs de fonds, que si une mention spéciale constatant ce privilége a été faite dans la déclaration souscrite par le déposant au moment de la réalisation du cautionnement.

Il est intéressant de se demander à qui appartient la propriété des fonds versés à titre de cautionnement, dans le cas où il existe un bailleur de fonds. Est-ce au titulaire du cautionnement ou bien est-ce au bailleur de fonds?

Un arrêt de la Cour de Rouen du 15 avril 1806 décide que le bailleur est propriétaire des cautionnements et qu'il en peut réclamer la délivrance à l'exclusion de tous créanciers autres que ceux pour faits de charges.

La Cour de Paris par un arrêt du 24 avril 1834 (Ribot. S. 34-2-218) avait suivi cette jurisprudence, en décidant que lorsqu'un ordre était ouvert entre les créanciers du titulaire d'un cautionnement pour des créances autres que celles résultant des faits de charge, le bailleur de fonds n'avait pas besoin d'y produire et qu'il ne pourrait être déchu de son droit de propriété lui conférant le privilége de second ordre. C'était en somme considérer le bailleur de fonds non pas comme un simple prêteur, mais comme propriétaire des fonds du cautionnement.

La Cour invoquait à l'appui de sa décision cette double considération que c'est le bailleur de fonds qui touche les intérêts du cautionnement, et que c'est à lui que ce cautionnement doit être remboursé quand aucune réclamation pour faits de charge n'est produite.

Mais la Cour de Cassation (arrêt du 17 juillet 1849, Doré. S. 50-1-529) n'a pas adopté cette théorie. Elle considère que la déclaration faite par le titulaire que les fonds du cautionnement appartiennent à un tiers, n'a d'autre effet légal que d'assurer à celui-ci un privilège de second ordre sur le cautionnement ; elle assimile le bailleur de fonds à un simple prêteur.

C'est aussi dans ce sens que la Cour de Rouen a statué en 1855. (Arrêt du 13 janvier, Lesage. D. P. 55-2-99.) Il s'agissait, dans l'espèce soumise à la Cour, d'un bailleur de fonds qui avait versé directement le fonds du cautionnement, qui en avait personnellement retiré un récépissé et touché régulièrement les intérêts. La Cour décida néanmoins que cette série d'actes ne pouvait avoir d'autre effet légal que d'assurer au bailleur un privilège de second ordre.

B. — *Etendue du privilège*

Il affecte le capital du cautionnement. Certains auteurs soutiennent que ce privilège ne s'étend pas aux intérêts. Il est certain qu'aucune disposition législative ne vise ce point, mais il semble difficile cependant de partager l'avis de ces auteurs. Le capital fourni par le bailleur de fonds est, en effet, productif d'intérêts, on ne comprendrait pas que le prêteur privilégié sur le capital ne le fût pas également en ce qui concerne les intérêts.

La question de savoir si le privilège du bailleur de fonds porte sur le prix de l'office a été soulevée. Cette question a été examinée déjà à propos du privilège de premier ordre. Nous renvoyons donc aux observations présentées à ce propos, la même solution devant être donnée.

Ajoutons qu'il peut se faire que plusieurs bailleurs de fonds aient contribué au versement du cautionnement ; les droits respectifs de ces différents créanciers doivent être réglés par ordre de date de leur titre ; il ne saurait y avoir ici, comme quand il s'agit des créanciers pour faits de charge, application de la loi de la concurrence.

3. — *Droits des créanciers ordinaires.*

La garantie du cautionnement n'a pas été établie en faveur des créanciers ordinaires. « Le cautionnement, en réalité, dit M. Fuzier Herman, constitue une espèce de contrat par lequel le gouvernement investit le comptable, l'officier ministériel de ses fonctions et celui-ci aliène éventuellement un capital pour sûreté de l'exercice qu'il en fera. Si donc il est vrai que la loi affecte les fonds de ce cautionnement à une destination fixe, à acquitter une espèce particulière de dettes, il est évident que ce serait aller contre le but qu'elle s'est proposé que de les en détourner pour les consacrer à payer les dettes ordinaires. »

Cependant nous avons vu que la loi du 25 Ventôse an XIII, reconnaît à ces créanciers le droit de se faire payer de leur créance sur les fonds du cautionnement qui pourraient rester après que les créanciers pour faits de charge et les bailleurs de fonds auraient été désintéressés. Les dispositions de cette loi sont pleinement justifiées, si l'on admet avec nous que les fonds de cautionnement restent la propriété du titulaire même dans le cas où ces fonds auraient été fournis par un prêteur. Le cautionnement doit, en effet, dans ces conditions, être considéré comme le gage commun de tous les créanciers du titulaire qui doivent être désintéressés sur ses biens, en tenant compte toutefois des causes de préférence qui pourraient exister entre eux.

IV. — OPPOSITIONS OU SAISIES-ARRÊTS SUR LES CAUTIONNEMENTS

Il nous faut maintenant, après avoir examiné les différentes classes des créanciers qui peuvent avoir des droits sur le cautionnement, indiquer quels moyens le législateur a mis à leur disposition pour les faire valoir.

L'opposition ou saisie-arrêt sur les fonds du cautionnement est le premier moyen que la loi ait donné aux créanciers pour y parvenir.

Il ne pouvait pas être question de les autoriser à procéder ici par voie de saisie-exécution, les titulaires n'étant pas en possession de leurs cautionnements, puisque c'est le Trésor qui en est détenteur.

Mais cette opposition, par qui peut-elle être formée ?

Elle peut l'être, quand il s'agit du cautionnement d'un fonctionnaire ou d'un officier ministériel, par les créanciers pour faits de charge, le bailleur de fonds et les créanciers ordinaires, dans l'ordre que nous avons indiqué et sous la réserve de formalités qui varient avec ces différentes classes de fonctionnaires.

Quand il s'agit du cautionnement provisoire ou définitif, que doivent verser à la Caisse des Dépôts et Consignations les adjudicataires ou les fournisseurs, l'opposition peut être également formée par l'État, les départements, la commune ou l'administration vis-à-vis de laquelle l'adjudicataire est responsable ; les bailleurs de fonds peuvent également saisir-arrêter les fonds du cautionnement, et les créanciers ordinaires, dans cette hypothèse comme dans la précédente, peuvent exercer un recours subsidiaire sur les fonds laissés libres après le désintéressement des créanciers privilégiés. mais les formalités requises pour la validité de ces différentes saisies ne sont plus les mêmes que celles qui doivent être remplies, quand il s'agit des fonctionnaires.

Examinons donc tout d'abord *les oppositions formées sur les cautionnements déposés au Trésor.*

En ce qui concerne les créanciers pour faits de charge et les créanciers ordinaires, la loi du 25 Nivôse an XIII dispose art. 2 : « Les réclamants seront admis à faire sur les cautionnements des oppositions motivées soit directement à la Caisse d'amortissement (aujourd'hui Bureau des Oppositions au Ministère des finances) soit aux greffes des tribunaux dans le ressort desquels les titulaires exercent leurs fonctions, savoir : pour les notaires, commissaires-priseurs, avoués, greffiers, huissiers aux greffes des tribunaux civils ; et pour les agents de change et courtiers au greffe des tribunaux de commerce. » L'art. 3 ajoute : « L'original y reste déposé pendant vingt-quatre heures pour être visé. »

Cette disposition a été étendue aux comptables publics et aux préposés des administrations par les articles 1 et 2 de la loi du 6 Ventôse an XIII.

Dans certains cas cependant les oppositions ne peuvent être formées qu'au Trésor public, quand il s'agit des oppositions formées sur les cautionnements :

1° Des préposés des Contributions Indirectes. (Ord. du 25 septembre 1816) ;

2° Des comptables de la Guerre. (Décret du 4 septembre 1874) ;

3° Des Chanceliers de consulats, et Vice-consuls. (Décret du 13 décembre 1877) ;

4° Et enfin des préposés des Chemins de fer. (Décret du 1er avril 1877).

Mais il est nécessaire de remarquer que quand il s'agit d'oppositions faites au greffe, le remboursement des capitaux est seul arrêté, les intérêts du cautionnement continuant à être annuellement payés aux titulaires ou aux bailleurs de fonds. Il n'y a que les oppositions faites au Trésor qui peuvent empêcher le paiement de ces intérêts. C'est ce que décide un arrêt du Conseil d'État du 12 avril 1807.

La loi du 25 Nivôse an XIII, art. 2, exige que les oppositions soient motivées, c'est-à-dire qu'elles énoncent clairement le nom du titulaire de la créance et les faits qui ont donné naissance à son droit.

Il est intéressant de se demander si les lois spéciales qui règlent la forme des oppositions ou saisies-arrêts sur les cautionnements des fonctionnaires n'ont d'application que vis-à-vis du Trésor et si, en ce qui concerne les rapports de créancier à débiteur, les formes indiquées par le Code de procédure civile doivent être suivies ?

Les avis sur ce point sont partagés.

Certains auteurs estiment que les dispositions de la loi du 25 Nivôse an XIII et celles du décret du 18 août 1807 n'ont pas été abrogées par la promulgation du Code de procédure civile.

Ils invoquent à l'appui de leur opinion un jugement du tribunal de la Seine du 8 août 1843, jugement qui décide que les formalités de la loi de Nivôse et celles du décret de 1807 doivent être encore suivies, en se fondant sur la spécialité de la matière.

Mais les partisans de l'opinion contraire font remarquer que rien dans la loi de Nivôse, pas plus que dans le décret de 1807 n'exclut l'application des règles de droit commun, principalement en ce qui concerne la nécessité de la dénonciation au saisi.

D'ailleurs un arrêt de la Cour de Caen semble trancher la question en déclarant nulle la saisie formée sur le cautionnement d'un fonctionnaire par l'un de ses créanciers dans le cas où cette saisie n'aurait pas été suivie d'une demande en validité. (Arrêt du 16 novembre 1852).

On appliquera donc aux oppositions les formalités édictées par le décret du 18 août 1807 et par les lois de finances des 9 juillet 1836 et 8 juillet 1837.

L'original de l'opposition devra être déposé au Trésor pour y être visé par le conservateur des oppositions aux Ministère des finances et, dans les greffes de tribunaux, par le greffier du tribunal où auront été formées les oppositions.

L'opposition devra être dénoncée ensuite au débiteur saisi avec assignation en validité de saisie et contre-dénoncée soit au ministre des finances, soit au greffier. Elle devra être renouvelée tous les cinq ans, à peine de péremption. (Lois du 9 juillet 1836, art. 14, 8 juillet 1837, art. 11).

Quand il s'agit d'un bailleur de fonds, son opposition doit être signifiée au Trésor qui peut, seul, en effet, recevoir la déclaration de deniers. Faite au greffe, elle n'aurait d'autre effet pour le bailleur de fonds que celui qu'elle produit pour les créanciers ordinaires. Cette obligation résulte du décret du 25 août 1808, art. 3 et de celui du 22 décembre 1812, art. 4, qui ont réglé l'exécution de la loi du 25 Nivôse an XIII.

Les *effets* de l'opposition varient suivant qu'elle a été formée par un créancier pour fait de charge ou qu'elle provient d'un créancier ordinaire ou d'un bailleur de fonds.

En ce qui concerne les créanciers pour faits de charge, nous avons déjà dit qu'il était généralement admis que l'opposition par eux faite sur le cautionnement affectait immédiatement ce cautionnement, et leur permettait d'exercer leurs droits sans attendre la cessation de la fonction.

La même décision doit-elle être appliquée aux bailleurs de fonds et aux créanciers ordinaires?

C'est là un point qu'il nous faut examiner maintenant.

La question est controversée.

Dans une première opinion on soutient que les créanciers ordinaires et les bailleurs de fonds peuvent saisir-arrêter le cautionnement et se faire payer immédiatement, sans attendre la cessation des fonctions. On invoque, dans ce sens, les art. 2092 et 2093 du Code civil, l'art. 557 du Code de procédure et les dispositions de l'art. 1 de la loi du 25 Nivôse an XIII.

Les biens meubles et immeubles du débiteur, disent les partisans de cette opinion, sont le gage commun de tous les créanciers du débiteur et peuvent être saisis par tous les créanciers indifféremment. Il faudrait, pour qu'il en soit autrement, une disposition spéciale qui les déclarât insaisissables (art. 2092 et 2093 du Code civil, art. 557 du Code de procédure). L'effet de cette saisie doit être de faire payer immédiatement les créanciers opposants sur la valeur des biens saisis. Les créanciers pour faits de charge ont, il est vrai, un privilège sur le cautionnement, mais ce privilège n'a qu'un seul effet : permettre à ces créanciers d'être payés par préférence et jusqu'à due concurrence ; il ne les autorise pas à retenir, au préjudice de créanciers moins favorables, les fonds du cautionnement. La loi du 25 Nivôse an XIII confirme d'ailleurs cette interprétation ; elle semble n'avoir établi aucune différence entre les droits des différents créanciers, quant à leur exercice. Après avoir, en effet, dans son article premier, accordé un privilège de premier ordre aux créanciers pour faits de charge, elle décide que les bailleurs de fonds jouiront d'un privilège de second ordre, et que subsidiairement, les droits des créanciers ordinaires pourront être exercés sur les fonds laissés libres après le paiement des créanciers privilégiés.

On invoque encore à l'appui de ce système deux arrêts de la Cour de Cassation, le premier du 26 mars 1821, qui décide « que le capital du cautionnement d'un officier ministériel peut être saisi par les créanciers ordinaires aussi bien que les intérêts, et que c'est une erreur de dire que le capital ne doit être mis à la disposition des créanciers qu'après vacance du titre par démission, décès ou autrement. »

Dans le second arrêt du 4 février 1882, la Cour de Cassation, appelée à statuer sur l'effet d'une opposition formée sur le cautionnement d'un officier ministériel, pour condamnations prononcées contre lui, à l'occasion de l'exercice de ses fonctions, décida « que le saisissant avait le droit d'exiger le *versement actuel* entre ses mains des sommes formant le cautionnement, le versement ne pouvant être différé jusqu'au décès ou à la démission de l'officier ministériel. »

Mais, d'autre part, on objecte que le législateur, en imposant à certains fonctionnaires, l'obligation de fournir un cautionnement n'a eu pour but que de le faire servir à la garantie de la gestion du titulaire et qu'il ne s'est pas préoccupé de sauvegarder les intérêts des créanciers ordinaires ; qu'accorder d'ailleurs à ces créanciers le droit d'obtenir le paiement immédiat de leurs créances, ce serait leur permettre de faire encourir au titulaire la déchéance ou la suspension de ses fonctions, s'il était dans l'impossibilité de parfaire le montant de son dépôt.

La jurisprudence des Cours d'appel a adopté un terme moyen entre ces deux opinions extrêmes, cherchant à sauvegarder ainsi tous les intérêts. Elle permet à tous les créanciers ordinaires ou aux bailleurs de fonds de saisir-arrêter les fonds du cautionnement, mais elle n'accorde à la saisie opérée dans ces conditions qu'un caractère purement conservatoire, la distribution des fonds provenant du cautionnement ne pouvant être opérée entre les mains des saisissants qu'au moment de la cessation des fonctions (arrêt de la Cour de Bourges du 14 juillet 1851. S. 51. 2. 737).

Reste à examiner une dernière question.

Le titulaire d'un cautionnement peut-il céder à un créancier ordinaire les fonds de son cautionnement ?

La validité de ce transport a été contesté, et la Cour de Paris en a déclaré la nullité, par arrêt du 11 juillet 1836 (S. 36. 2. 395).

La Cour prétendait que le titulaire devait être propriétaire des fonds du cautionnement et que permettre un tel transport, ce serait un moyen d'accorder à un créancier l'équivalent d'un privilège de second ordre sans l'obliger à accomplir les formalités requises pour l'acquisition d'un tel droit de préférence.

Cette jurisprudence n'a pas prévalu. Elle ne pouvait pas prévaloir, disent les partisans de l'opinion contraire.

Il n'existe, en effet, aucun texte qui oblige les titulaires de fonctions à être propriétaires de leur cautionnement, cela est si vrai d'ailleurs que le législateur a décidé que le cautionnement pourrait être fourni par un tiers, et il a pris des dispositions pour que la restitution des fonds prêtés soit faite à ce tiers, lors de la cessation des fonctions, sauf le privilège des créanciers pour faits de charge.

On peut ajouter que si le législateur a entouré l'acquisition du privilège de second ordre de certaines formalités, ce n'est pas pour entraver cette acquisition, c'est uniquement dans l'intérêt des fonctionnaires qu'il a pris ces mesures et pour leur permettre de trouver plus facilement des bailleurs de fonds.

Ils invoquent encore à l'appui de ce système de nombreuses décisions de jurisprudence (1) et le passage suivant du *Traité des Offices* de M. Dard. « Journellement les

---

(1) Paris, 17 avril 1845, Leroux (D. 45, 2, 65) ; Paris, 11 mars 1852, Grévot (S 52, 2, 176) ; Lyon, 50 avril 1857, Gervais (S 59, 2, 555) ; Paris, 29 juin 1865, Thillet (S 65, 2, 158).

En ce sens également : Bioche, *Dict. de procédure*, *cautionnement*, n° 42. Favard de Langlade, *cautionn.*, n° 42.

les officiers ministériels, dans les contrats de mariage de leurs filles, leur font donation de tout ou partie des fonds du cautionnement de leur office ; ces donations et d'autres actes contenant des cessions de fonds de cautionnement à titre onéreux, sont signifiées au ministre des finances, visées par le chef du Bureau des Oppositions et nous n'avons pas connaissance que leur validité ait été jamais contestée. »

Examinons les *oppositions formées sur les cautionnements déposés à la Caisse des Dépôts et Consignations.*

Il convient tout d'abord d'indiquer dans quel cas ces oppositions peuvent être formées.

Les soumissionnaires de travaux publics ou de marchés de fournitures déclarés adjudicataires doivent, dans les délais fixés par le cahier des charges, réaliser le cautionnement que ce cahier les oblige à déposer comme garantie de l'exécution de leurs engagements.

L'État peut, au cas où cette réalisation n'aurait pas été accomplie dans les délais prescrits, saisir les cautionnements déposés à titre provisoire par les adjudicataires. C'est ce que décide le décret du 18 novembre 1812 dans son article 11.

Les cautionnements définitifs peuvent également être saisis par l'État, les départements, les communes ou les établissements publics dans les cas d'inexécution totale ou partielle des engagements contractés par les entrepreneurs ou les fournisseurs.

Tant qu'aux cautionnements qui doivent être versés à la Caisse des Dépôts par certains comptables (caissiers des Caisses d'épargne, des dépôts de mendicité, économes des établissements privés d'aliénés), ils peuvent être saisis dans le cas où ces comptables sont déclarés en débet ou en déficit.

Les bailleurs de fonds qui ont prêté les capitaux nécessaires à la réalisation du cautionnement peuvent également, par voix d'opposition, saisir les cautionnements du titulaire.

Et les créanciers ordinaires peuvent employer le même moyen pour exercer le recours subsidiaire que leur permet la loi.

Mais par qui cette saisie peut-elle être prononcée ?

Elle peut l'être, quand il s'agit de travaux de l'État, par le ministre compétent ; elle est formée « aux requête, poursuites et diligence de l'agent judiciaire du Trésor, en vertu d'une contrainte décernée par le ministre des finances (art. 12 du D. du 18 novembre 1882).

« La décision ministérielle portant attribution à l'État du cautionnement doit être notifiée à l'adjudicataire ou l'entrepreneur, qui a un délai de trois mois pour se pourvoir devant le Conseil d'État (art. 11 du décret du 11 juin 1806).

Elle peut être encore formée par les préfets lorsqu'il s'agit d'entreprises départementales, par les maires pour les entreprises et fournitures des villes, par les conseils d'administration ou les représentants légaux de ces administrations, quand il s'agit d'établissements publics.

Cette saisie ne peut toutefois produire d'effet que lorsque l'adjudicataire ou l'entrepreneur consent à acquiescer à la décision qui le déclare en débet. Le créancier nanti d'un gage ne pouvant en disposer sans une autorisation judiciaire, la Caisse des Dépôts et Consignations exige la production de cette décision quand il y a saisie du cautionnement en dehors de tout consentement du titulaire.

La décision requise émane du tribunal civil qui statue sur les contestations entre les entrepreneurs et leurs ouvriers, ou du Conseil de préfecture qui peut, d'après la loi du 25 Pluviôse an VIII, art. 4, valablement statuer sur toute contestation pouvant s'élever entre les contractants sur le sens ou l'exécution des clauses des marchés.

Elle peut émaner encore de la Cour d'appel statuant sur un jugement du tribunal civil ou du Conseil d'État sur une décision du Conseil de préfecture.

Cette saisie peut encore être prononcée par les préfets lorsqu'il s'agit d'entreprises départementales ; par les maires pour les entreprises et fournitures des villes, par les conseils d'administration et les représentants légaux quand il s'agit de marchés passés pour le compte des établissements publics.

La saisie des cautionnements que reçoit la Caisse des Dépôts et Consignations est prescrite tantôt par le ministre ou le préfet (cautionnement des personnes qui exploitent des magasins généraux ou des salles de ventes publiques, tantôt par le maire avec approbation du préfet (cautionnements des fermiers d'octrois municipaux).

Lorsqu'il s'agit des cautionnements des caissiers des Caisses d'épargnes privées, c'est le conseil des directeur et administrateurs des dites Caisses, qui prononce le débet par une délibération. Cette délibération est signifiée par acte d'huissier au caissier et un délai lui est accordé pour désintéresser la dite Caisse.

Si le débet n'est pas couvert dans le délai assigné, les directeur et administrateurs se réunissent à nouveau et fixent par une seconde délibération le montant du débet.

La Caisse des Dépôts et Consignations (ou son préposé), reçoit alors un extrait de la seconde délibération et l'original de l'assignation, sur le vu de ces deux pièces, elle porte le débet en dépense au compte du caissier et en met le montant à la disposition de la Caisse d'épargne lésée. C'est ce que décident les art. 39, 40, 41 et 42 de l'Instruction générale du 31 décembre 1878, sur les Dépôts divers à la Caisse des Dépôts et Consignations.

S'agit-il d'un cautionnement déposé aux Caisses des Monts-de-piété ? Les règles relatives à la constatation du débet sont à peu près les mêmes. Toutefois le Conseil d'Administration de ces Caisses n'est pas appelé à prendre une seconde délibération, quand le débiteur n'a pas couvert son cautionnement dans les délais qui lui avaient été accordés. C'est le préfet qui prend, conformément à l'ordonnance du 6 juin 1830, un arrêté prescrivant les mesures nécessaires pour l'application du cautionnement au débet.

Il convient de se demander *par qui les oppositions peuvent être reçues.*

Jusqu'en 1882, on avait toujours admis que les dispositions des lois des 25 Nivôse et 6 Ventôse, an XII, concernant la saisie-arrêt des cautionnements des officiers ministériels et des fonctionnaires de l'État devaient être appliquées aux cautionnements déposés à la Caisse des Dépôts et Consignations.

Ces lois permettaient aux créanciers des titulaires de former leurs saisies au Bureau des Oppositions, au ministère des Finances ou aux greffes des tribunaux dans le ressort desquels ils exerçaient leurs fonctions.

La jurisprudence administrative avait étendu ces dispositions non seulement aux cautionnements des adjudicataires de l'État, mais à ceux des entrepreneurs des départements, des communes, et des établissements publics.

Le décret du 18 novembre 1882, pour des motifs que nous aurons à examiner en traitant du retrait des cautionnements, a modifié cet état de choses.

L'art. 7, alinéa 2 de ce décret décide, en effet, que : « Les oppositions sur les cautionnements provisoires ou définitifs, doivent avoir lieu entre les mains du comptable qui a reçu ledit cautionnement. Toutes autres oppositions sont nulles et non avenues ».

Quant aux *règles qui régissent le recouvrement*, elles varient suivant qu'il s'agit de débets constatés envers l'État ou de débets constatés envers les départements, les villes, les établissements publics.

Dans le premier cas, le recouvrement est poursuivi :

A Paris, par le caissier-payeur central du Trésor public :

Dans les départements, l'Algérie et les autres colonies, par les trésoriers-payeurs généraux et les receveurs des finances.

Dans le second cas :

Les trésoriers-payeurs généraux ont qualité pour agir au nom du département.

Les receveurs municipaux et les agents comptables des Administrations soumises à l'État pour ces établissements publics.

Ce recouvrement ne peut être opéré que sur le vu de :

1° L'original de la décison qui l'autorise ;

2° D'une attestation de l'autorité compétente constatant

que la dite décision a été notifiée à l'intéressé et que les délais pour se pourvoir au Conseil d'État sont expirés.

Les *effets de la saisie* sont réglés par l'art. 126 de l'Instruction générale du 1er décembre 1877 et la décision ministérielle du 5 mai 1881.

Lorsque la décision qui constate le débet n'autorise que la saisie d'une somme fixe du cautionnement, l'opposition ne porte pas sur les intérêts produits par ce cautionnement.

Il en est autrement lorsqu'il s'agit de la saisie de la totalité ou d'une quote-part du cautionnement, telle que le quart ou la moitié, l'opposition s'étend alors aux intérêts produits par le capital saisi, à dater de la décision qui constate le débet. Une telle saisie constitue en effet une véritable pénalité.

Quant aux intérêts antérieurs à la décision, ils restent la propriété du titulaire ou du bailleur de fonds qui peuvent en réclamer le paiement.

V. — DES DIVERS MODES D'AFFECTATION DES CAUTIONNEMENTS. — CHANGEMENTS DE RÉSIDENCE. — APPLICATION A DE NOUVELLES FONCTIONS.

Jusqu'en 1816, les cautionnements des officiers ministériels et des fonctionnaires publics avaient été destinés à garantir la gestion du titulaire dans une résidence déterminée. Lorsqu'un fonctionnaire était nommé à une nouvelle résidence ou qu'il était appelé à remplir une fonction autre que celle par lui exercée jusque-là, il devait fournir au Trésor un nouveau cautionnement, l'ancien ne pouvant servir à la garantie de la nouvelle gestion.

Une ordonnance du 25 septembre 1816 décida qu'une certaine catégorie de fonctionnaires pourrait faire servir à la garantie de toutes les fonctions auxquelles ils seraient appelés le cautionnement versé à leur entrée dans l'administration.

Cette ordonnance, qui ne visait qu'un certain nombre de préposés des contributions indirectes, fut étendue dans la suite à d'autres fonctionnaires et nos lois administratives distinguent actuellement, en ce qui concerne leur affectation, les cautionnements spécialement affectés à la résidence et les cautionnements affectés à la gestion du titulaire, quel que soit le lieu où il exerce ses fonctions.

1. — *Cautionnements spécialement affectés à la résidence.*

Nous rangerons tout d'abord dans cette catégorie les cautionnements des officiers ministériels.

Une circulaire du garde des sceaux du 31 octobre 1836 décide que lorsqu'un officier ministériel, un notaire par exemple, change de ressort ou résigne ses fonctions pour remplir celles d'avoué ou de greffier, il doit verser un nouveau cautionnement.

Un avoué de première instance qui serait nommé avoué d'appel, un greffier de justice de paix qui se serait fait agréer comme greffier de tribunal de première instance, devraient également, d'après la circulaire de 1836, fournir, avant la prestation de serment, un nouveau cautionnement.

La circulaire va même plus loin ; elle décide que le cautionnement réalisé par le prédécesseur de l'officier ministériel ne peut servir à celui-ci et qu'il doit verser, pour son propre compte, le montant du cautionnement auquel la loi le soumet.

Cette obligation est, d'ailleurs, pleinement justifiée.

Le cautionnement de l'officier ministériel est, en effet, destiné à garantir les particuliers contre les abus, les négligences ou les prévarications du titulaire. La loi accorde même aux victimes des malversations un privilège sur le cautionnement. Si l'officier ministériel pouvait, en changeant de résidence ou de fonctions, se faire dispenser de verser un nouveau cautionnement, les créanciers de la première gestion verraient diminuer leur gage, puisque le cautionnement serait frappé du privilège des créanciers de la dernière gestion ; et quant à ceux-ci, ils ne recevraient également qu'une garantie imparfaite, leur recours ne pouvant être exercé que postérieurement à celui des créanciers de la première gestion.

Les trésoriers-payeurs généraux, les receveurs des finances, les percepteurs, les receveurs des octrois, etc. ., rentrent dans la catégorie des titulaires dont le cautionnement est affecté à la résidence ; mais, à la différence des officiers ministériels qui, comme nous venons de l'expliquer, sont tenus, en changeant de résidence ou de fonction, de verser un cautionnement nouveau, ces fonctionnaires ne sont soumis qu'à l'accomplissement de certaines formalités, quand ils sont appelés à une nouvelle résidence, le cautionnement qu'ils ont versé pouvant servir à la garantie de leur seconde gestion.

Cette différence s'explique facilement. Les trésoriers-payeurs généraux, les receveurs des finances sont des préposés de l'État qui gèrent sous la surveillance et la responsabilité de l'État ; c'est à l'État que devront s'adresser les personnes qui auront été lésées par le comptable dans l'exercice de ses fonctions.

On comprend donc que l'État puisse dispenser ces comptables de verser un nouveau cautionnement, puisque c'est dans l'intérêt du Trésor public beaucoup plus que dans l'intérêt des particuliers que le cautionnement est exigé des comptables.

D'ailleurs, les cautionnements des fonctionnaires qui nous occupent sont ordinairement très élevés; exiger du titulaire le versement d'un nouveau cautionnement à chaque changement de résidence, c'eût été interdire l'accès des postes élevés aux candidats intelligents mais peu favorisés de la fortune, et créer un monopole en faveur d'une catégorie de privilégiés.

L'ordonnance du 22 mai 1825 et l'instruction générale du 20 juin 1859 indiquent les formalités qui doivent être accomplies à chaque changement de résidence.

Ces formalités tendent toutes à établir la parfaite régularité des opérations accomplies par le fonctionnaire dans sa première résidence.

Les receveurs particuliers des finances, les percepteurs doivent, avant leur installation dans leur nouvelle fonction, produire :

1° Un procès-verbal de remise du service ou un certificat constatant la situation régulière de leur caisse ;

2° Un récépissé de versement de leur cautionnement auquel ils devront ajouter, s'il y a lieu, un récépissé de versement de supplément ;

3° Un certificat de l'agent judiciaire du Trésor constatant qu'il n'existe pas sur le cautionnement de privilège de second ordre ; s'il en existe, le consentement du bailleur de fonds à l'application du cautionnement à la nouvelle fonction.

4° Un certificat de non opposition délivré par le greffier du tribunal de l'ancienne résidence.

Ces formalités n'empêchent pas le cautionnement de rester affecté à la garantie de la première résidence.

Pour que son cautionnement soit désaffecté définitivement et appliqué exclusivement à la sûreté de la nouvelle gestion, le comptable doit établir l'apurement de sa première comptabilité.

Les trésoriers généraux produisent, à cet effet, un certificat de non débet délivré par le Directeur Général de la Comptabilité publique : les receveurs particuliers un certificat de *quitus* du comptable supérieur sous la responsabilité duquel ils ont géré; les préposés ou comptables des ministères le consentement du Ministère dont ils dépendent.

2. — *Cautionnements affectés à la gestion du comptable, quelque soit le lieu où il exerce ses fonctions.*

Ces comptables à la différence des trésoriers-payeurs généraux, des receveurs des finances ne sont pas tenus de justifier de l'apurement des comptes de leur première gestion, quand ils sont appelés à exercer de nouvelles fonctions. Ils n'ont qu'à produire un récépissé de versement de leur cautionnement et le récépissé de versement du supplément de cautionnement auquel la loi pourrait les obliger.

C'est l'ordonnance du 25 septembre 1816 qui a créé les cautionnements de cette catégorie.

Les dispositions de cette ordonnance ne visaient qu'un certain nombre de préposés des Contributions Indirectes.

Cette mesure a été étendue par l'ordonnance du 23 novembre 1825 aux préposés de l'Administration des Tabacs, par celle du 25 juin 1835 aux préposés de l'Enregistrement, des Domaines, des Postes, et par un décret du 1 septembre 1874 aux comptables de la Guerre.

Ce mode d'affectation du cautionnement a été également adopté pour les agents des Chemins de fer (D. du 1er avril 1879) et pour les Chanceliers des consulats et Vice-consuls (D. du 14 août 1880.)

VI. — REMBOURSEMENT DES CAUTIONNEMENTS.

Le remboursement des cautionnements peut être exigé par les officiers ministériels, comptables ou agents non comptables, adjudicataires de travaux, les prêteurs qui ont fourni les fonds du cautionnement, les héritiers ou ayants-droit des titulaires.

Les formalités qui sont exigées pour la validité de ce retrait varient suivant que la réalisation du cautionnement a été faite au Trésor ou à toute autre caisse.

I. — *Remboursement des cautionnements déposés au Trésor.*

Il faut distinguer ici suivant qu'il s'agit du cautionnement d'un officier ministériel, d'un agent comptable ou non comptable.

A. — *Officiers ministériels.*

La loi, en édictant certaines formalités, a pour objet de permettre aux créanciers pour faits de charge de poursuivre sur le cautionnement le paiement de leurs créances.

La loi du 25 Nivôse an XIII nous indique ces formalités dans son article 5 que nous nous bornons à transcrire : « Les notaires, avoués, greffiers et huissiers près les tribunaux, ainsi que les commissaires-priseurs, porte cet article, seront tenus, avant de pouvoir réclamer leur cautionnement à la Caisse d'amortissement, de déclarer, au greff[e] du tribunal dans le ressort duquel ils exercent, qu'ils cessent leurs fonctions ; cette déclaration sera affichée dans le lieu des séances du tribunal, pendant trois mois ; après ce délai et après la levée des oppositions directement faites à la Caisse d'amortissement, s'il en était survenu, leur cautionnement leur sera remboursé par cette Caisse sur la présentation et le dépôt d'un certificat du greffier, visé par le président du tribunal qui constatera que la déclaration prescrite a été affichée dans le délai fixé ; que pendant cet intervalle, il n'a été prononcé contre eux aucune condamnation pour faits relatifs à leurs fonctions et qu'ils n'existe au greffe du tribunal aucune opposition à la délivrance du certificat ou que les oppositions ont été levées. »

L'art. 6 de la loi de Nivôse impose aux agents de change et aux courtiers les formalités que nous venons d'indiquer. Leur déclaration doit être faite au greffe du tribunal de commerce et affichée pendant trois mois dans le lieu des séances du tribunal et à la Bourse à laquelle ils appartiennent. Ils doivent produire un certificat du greffier du tribunal visé par le président et un certificat du syndic de la Bourse.

L'art. 7 oblige les titulaires qui ont été destitués ou les héritiers de ceux qui sont décédés dans l'exercice de leurs fonctions, à remplir les mêmes formalités.

Il convient d'observer qu'un décret du 24 mars 1809 soumet à certaines règles particulières le retrait du cautionnement des huissiers et des commissaires-priseurs.

Ces officiers ministériels doivent, indépendamment des prescriptions de la loi du 25 Nivôse an XIII, présenter un acte appelé *quitus* constatant qu'ils se sont libérés du produit des ventes opérées par leur ministère.

C'est la chambre de discipline qui délivre ce *quitus*.

Les huissiers et commissaires-priseurs doivent pour l'obtenir, fournir les quittances de produit des ventes ou le récépissé constatant qu'ils ont consigné les fonds qui n'ont pas été remis.

Ce *quitus* doit être visé par le procureur de la République du ressort.

Dans le cas où il n'y aurait pas de chambre de discipline, le décret décide que le certificat sera délivré aux commissaires-priseurs par le procureur de la République du lieu où la fonction est exercée, visé par le président du tribunal (ord. du 29 janvier 1818), aux huissiers par les huissiers-audienciers et visé par le président du tribunal ou le procureur de la République (décret de 1809 précité).

Les notaires, les greffiers et les courtiers de commerce peuvent dans certains cas procéder aux ventes publiques. Le décret de 1809 ne les soumet cependant pas, comme les huissiers et les commissaires-priseurs, à l'obligation de présenter de *quitus*. C'est une anomalie qu'il est difficile d'expliquer.

Dans le cas où les commissaires-priseurs et les huissiers

seraient dans l'impossibilité de représenter toutes les pièces comptables nécessaires pour obtenir le certificat de *quitus*, l'ordonnance du 22 août 1831 dispose, art. 1 « que les chambres de discipline dont les titulaires dépendaient, ou le procureur du roi du ressort, constateront cette impossibilité et en déduiront les motifs, les chambres de discipline par une délibération, et le procureur du roi dans un avis donné sur la demande des titulaires, de leurs ayants-cause ou de leurs créanciers. »

L'art. 2 de ladite ordonnance exige que la déclaration de cessation de fonctions, dans l'hypothèse qui nous occupe, soit insérée pendant trois mois dans un des journaux imprimés au chef-lieu de l'arrondissement ou à défaut, au chef-lieu du département.

Le législateur a pris aussi certaines mesures en faveur du Trésor qui aurait pu être exposé, sans elles, à opérer le remboursement des capitaux du cautionnement entre les mains de personnes autres que celles ayant qualité pour le recevoir.

Ces mesures sont indiquées dans un arrêté du ministre des finances du 16 décembre 1833.

Les pièces à produire au Trésor sont d'après cet arrêté :

1° Une lettre de demande de remboursement adressée au ministre des finances avec indication des pièces produites à l'appui ;

2° Les récépissés des versements délivrés par les comptables du Trésor entre les mains desquels les fonds ont été versés ;

3° Un certificat, délivré conformément à la loi du 25 Nivôse an XIII, par le greffier de la Cour ou du tribunal près duquel les titulaires ont exercé leurs fonctions.

Ce certificat doit être visé par le président.

Il constate que la cessation des fonctions a été affichée pendant trois mois dans le lieu des séances du tribunal ; que pendant cet intervalle, il n'a été prononcé contre les titulaires aucune condamnation pour faits relatifs à leurs fonctions ; qu'il n'existe aucune opposition à la délivrance de ce certificat ou que les oppositions sont levées.

Quand le remboursement est réclamé par les héritiers ou les ayants-droit à un titre quelconque, les différentes pièces que nous venons d'indiquer doivent être accompagnées d'un certificat de propriété dressé conformément au décret du 25 septembre 1806, par un notaire s'il y a eu inventaire ou partage ; à défaut de l'un de ces actes, par le juge de paix du domicile du décédé ; enfin, si la propriété est constatée par un jugement, par le greffier détenteur de la minute de ce jugement.

B. — *Comptables.*

L'ordonnance du 22 mai 1825 indique les formalités que doivent remplir les comptables pour obtenir le remboursement de leurs cautionnements.

Ces formalités varient suivant qu'il s'agit du retrait des cautionnements des comptables qui sont justiciables directement de la Cour des comptes ou de comptables qui ne sont pas soumis à la juridiction de cette Cour.

a. — *Comptables justiciables de la Cour des Comptes.*

La loi du 25 Ventôse an XIII autorisait les receveurs des finances à demander le retrait d'une partie de leur cautionnement, avant l'apurement définitif du compte de leur gestion.

Une ordonnance royale du 8 septembre 1815 avait accordé pareille faveur à la plupart des agents de l'administration des contributions indirectes.

L'ordonnance du 22 mai 1825 a étendu ces dispositions à tous les comptables justiciables de la Cour des comptes, dans son article premier, ainsi conçu : « Les comptables des finances qui sont justiciables directs de notre Cour des comptes et qui cesseront leurs fonctions, pourront, avant l'apurement définitif de leur comptabilité, obtenir le remboursement des deux tiers du cautionnement fourni par eux en numéraire, lorsqu'ils auront remis au ministre des finances le dernier compte de leur gestion et que la vérification de ce compte et de leurs écritures n'aura fait connaître aucun débet à leur charge. »

L'alinéa 2 du même article accorde une autre faveur aux comptables justiciables de la Cour des comptes. Il leur permet d'obtenir le remboursement immédiat du dernier tiers de leur cautionnement, en fournissant à la place un cautionnement en rentes ou en immeubles d'une valeur équivalente.

M. Fuzier Herman, dans son *Répertoire du droit français*, fait ressortir très clairement l'avantage de cette substitution. « Non seulement, dit-il, les comptables rentrent en possession d'une somme d'argent qu'ils peuvent utilement employer, mais ils touchent trimestriellement les arrérages de la rente affectée, tandis que les intérêts du dernier tiers en numéraire ne leur seraient payés qu'avec le remboursement du capital, c'est-à-dire trois ou quatre ans après la cessation de leurs fonctions. »

L'article 2 de l'ordonnance indique les pièces que doit produire le titulaire pour obtenir le remboursement.

Les demandes en remboursement doivent être accompagnées, d'après cet article, du consentement de l'administration à laquelle le titulaire appartient, et d'un certificat délivré par le Directeur Général de la Comptabilité publique au Ministère des finances. Ce certificat doit être appuyé des pièces justificatives et constater, en outre, que la vérification sommaire du compte de gestion du titulaire n'a fait ressortir à sa charge aucun débet.

Pour les autres comptables des divers ministères, ils obtiennent le remboursement de leurs cautionnements sur le consentement du ministre dont ils dépendent, consentement donné par lettre adressée au ministre des finances.

Quant au dernier tiers, représenté par du numéraire, de la rente ou des immeubles, suivant que le comptable a profité ou non de la faculté de remboursement que lui accordait la loi, il est restitué au titulaire sur la production de l'arrêt de *quitus* rendu par la Cour des comptes. Un certificat de libération définitive doit y être annexé. Il est délivré par le Directeur Général de la Comptabilité publique pour les comptables des finances, et par le ministre compétent pour les comptables des ministères.

L'ordonnance du 22 mai 1825 ne s'applique qu'aux comptables de deniers de l'État (Trésoriers-payeurs généraux — Receveurs de l'Enregistrement, des Douanes, des Postes et Télégraphes, des Contributions Indirectes—Conservateurs des hypothèques — Agents comptables de la Monnaie, des Chancelleries, de la Légion d'honneur, des Chemins de fer de l'État, Préposés des tabacs, etc...)

Les Receveurs spéciaux des villes dont les revenus dépassent 30.000 francs sont justiciables de la Cour des comptes, mais ils ne jouissent pas, puisqu'ils ne sont pas des comptables de l'État, de la faveur de l'ordonnance de 1825.

Toutefois une exception a été faite en faveur du Receveur municipal de Paris, en raison du contrôle spécial qu'exerce sur lui le Conseil municipal de la Ville.

Le décret du 27 août 1885 l'autorise à demander, avant l'apurement définitif de sa gestion, le remboursement de la moitié de son cautionnement « lorsqu'il aura, dit l'article 1 du décret, soumis à l'examen préalable du Conseil municipal, le dernier compte de sa gestion, et que la vérification de ce compte et de ses écritures, n'aura fait reconnaître aucun debet à sa charge. »

La faculté d'obtenir le remboursement de la seconde moitié du cautionnement lui est accordée à la condition qu'il fournisse un équivalent en rentes sur l'État. L'équivalent ne pourrait être ici, comme quand il s'agit de comptables justiciables de la Cour des comptes, fourni en immeubles.

Les pièces à produire sont, d'après l'art. 2 du décret :

1° Une délibération du conseil municipal approuvant le dernier compte de gestion ;

2° Un arrêté du Préfet de la Seine approuvant ladite délibération :

3° Le consentement des ministres de l'Intérieur et des Finances.

Le Receveur municipal doit, pour obtenir le remboursement de la dernière moitié de son cautionnement, produire l'arrêté de *quitus* de son dernier compte et un certificat de libération définitive, délivré par le Préfet de la Seine.

Le remboursement des cautionnements des Trésoriers des Invalides de la Marine, sont soumis également à des règles particulières. Ces règles sont contenues dans l'article 14 du décret du 17 novembre 1885.

Le retrait peut être opéré quatre mois seulement après la cessation des fonctions, sur le vu du certificat de *quitus* du trésorier général, visé par le Directeur de l'établissement des Invalides.

Il est, pour le surplus, remboursé après arrêt de la Cour des comptes.

Indépendamment de l'arrêté de *quitus* dont nous venons de parler, les comptables sont obligés de produire, à l'appui de leur demande en remboursement, un certificat de non opposition délivré, conformément à la loi du 25 Nivôse an XIII, par le greffier du tribunal de la résidence où la fonction a été exercée.

7

Il n'y a d'exception à cette règle qu'en ce qui concerne les préposés des contributions indirectes, les agents des Chemins de fer de l'État et les Chanceliers et Vice-consuls qui ne peuvent verser leurs cautionnements qu'au Trésor, sans avoir la faculté de les réaliser dans les caisses des préposés du Trésor public dans les départements.

Ils doivent, en outre, rapporter le récépissé de leur versement.

Les héritiers des titulaires, leurs bailleurs de fonds, leurs ayants-droit à un titre quelconque, doivent, dans notre hypothèse, produire les mêmes pièces que les ayants-cause des officiers ministériels, quand il s'agit de cautionnements déposés au Trésor.

L'ordonnance du 24 août 1841 décide que les mandats de remboursement sont préparés à la direction de la Dette inscrite, au Ministère des finances, et qu'ils sont émis payables aux caisses du Trésorier-payeur général du département dans lequel la fonction a été exercée.

Les Trésoriers-payeurs généraux doivent, d'après le décret du 31 mai 1862 (art. 362) s'assurer, sous leur responsabilité, que toutes les pièces exigées pour le remboursement ont été produites par le retrayant.

b. — *Comptables non justiciables de la Cour des Comptes.*

L'article 4 de l'ordonnance du 22 mai 1825 décide que le remboursement de leurs cautionnements ne peut être fait à ces comptables que sur la production d'un certificat de *quitus* délivré par le comptable supérieur sous la surveillance ou la responsabilité duquel ils agissent ; ce certificat doit être visé par les fonctionnaires chargés de surveiller leur gestion et leur être délivré dans les quatre mois qui suivent la cessation des fonctions.

Ainsi, les *Receveurs particuliers des finances* ne peuvent obtenir le remboursement de leur cautionnement qu'en produisant un certificat du Trésorier-payeur général du département dans lequel ils ont exercé leurs fonctions. Ce certificat doit être visé par le Directeur général de la Comptabilité publique.

Le *Receveur des droits universitaires* doit produire un certificat de *quitus* délivré par le receveur central, à Paris, les Trésoriers-payeurs généraux dans les départements, quelquefois même par le Receveur des finances, quand la Faculté se trouve dans un chef-lieu d'arrondissement.

Les *Percepteurs*, en tant que receveurs de l'impôt direct gèrent sous la responsabilité du Receveur des finances de l'arrondissement. C'est à lui qu'ils doivent s'adresser pour obtenir leur *quitus*.

En tant que receveurs des villes et des établissements de bienfaisance dont les revenus ne dépassent pas 30.000 francs, ils sont justiciables soit de la Cour des comptes, soit des Conseils de préfecture. Ils ne peuvent, par conséquent, obtenir le remboursement de leurs cautionnements qu'après que la Cour des comptes ou les Conseils de préfecture les ont déclarés quittes et déchargés de toute responsabilité.

Le préfet leur délivre le certificat de *quitus* sur le vu de l'arrêt de la Cour des comptes ou du Conseil de préfecture.

La responsabilité du Receveur des finances s'étend aussi bien au débet qui résulte de la gestion du percepteur en tant que receveur de l'impôt direct, qu'aux débets résultant de sa gestion municipale ou hospitalière. L'ordonnance du 17 juillet 1837 a, en effet, dans son article 8, décidé que les cautionnements des percepteurs étaient solidairement affectés à la garantie de leurs trois gestions.

Les *Receveurs municipaux spéciaux*, dans les villes qui ont plus de 30.000 francs de revenus, sont soumis à la surveillance du receveur des finances qui n'est cependant pas responsable de leur gestion. Le certificat de *quitus* est délivré par ce comptable supérieur.

Le remboursement des cautionnements des préposés des ministères non justiciables de la Cour des comptes (sous-directeurs des haras, régisseurs des établissements thermaux, des bergeries nationales, des écoles vétérinaires, agents de la marine) est autorisé par le ministre dont dépendent ces agents.

C. — *Agents non comptables.*

Ce sont les directeurs, inspecteurs, vérificateurs de l'Enregistrement, des Douanes, des Contributions Indirectes, des Manufactures de tabacs.

L'arrêté du 9 juin 1821 les oblige, pour obtenir le remboursement de leur cautionnement, à justifier du consentement de leurs administrations respectives.

2. — *Remboursement des cautionnements déposés à la Caisse des Dépôts et Consignations.*

Les formalités à remplir pour obtenir le remboursement de ces cautionnements varient suivant qu'il s'agit des cautionnements de soumissionnaires ou d'adjudicataires de travaux, ou des cautionnements de fonctionnaires qui doivent être réalisés à cette caisse.

A. — *Soumissionnaires ou adjudicataires de travaux ou de marchés de fournitures.*

Les *Soumissionnaires* de travaux ou de marchés de fournitures, qui n'ont pas été déclarés adjudicataires, peuvent obtenir de la Caisse des Dépôts et Consignations le remboursement immédiat des fonds par eux déposés.

Ils doivent s'adresser à Paris à la Direction générale de la Caisse et dans les départements au préposé de ladite Caisse.

Ils doivent produire à l'appui de leur demande en remboursement une lettre du fonctionnaire qui a présidé aux opérations de l'adjudication, lettre par laquelle il est constaté que le retrayant n'a pas été déclaré adjudicataire.

Cette lettre peut être remplacée par une mention mise au dos du récépissé de dépôt par le même fonctionnaire.

Les soumissionnaires déclarés adjudicataires n'ont pas en principe la faculté d'obtenir le remboursement de leur dépôt provisoire. Le cahier des charges ordonne, la plupart du temps, que ce dépôt sera affecté jusqu'à due concurrence à la réalisation du cautionnement définitif.

Mais le cahier des charges peut décider que cette affectation n'aura pas lieu ou que l'adjudicataire aura le choix de réaliser son cautionnement en rentes ou en immeubles. Le retrait du cautionnement provisoire peut être alors demandé et obtenu sur la production d'une attestation de l'autorité compétente que le cautionnement définitif a été réalisé. Le remboursement peut même être ordonné d'office. (Art. 10 du décret du 18 novembre 1882.)

Les *Adjudicataires* de travaux ou de marchés de fournitures de l'État ne peuvent, d'après l'article 10, alinéa 2, du décret de 1882, obtenir le remboursement total ou partiel de leur cautionnement définitif « qu'en vertu d'une mainlevée donnée par le ministre compétent ou le fonctionnaire délégué à cet effet ».

En ce qui concerne les services de la Guerre, la mainlevée du cautionnement doit être donnée par le ministre de la Guerre, qui s'est réservé ce droit par ses instructions du 17 octobre 1872.

Toutefois elle peut être accordée :

1° Pour les fournitures de pain de troupe, par l'Intendant militaire. (Av. du Min. de la Guerre des 12 mars et 17 avril 1875.)

2° Pour les acquéreurs des armes hors modèle ou réformées, par les commissions de ventes instituées à cet effet par le décret du 14 novembre 1872. Cette commission est composée du Directeur de l'artillerie, du Sous-intendant militaire et du Receveur des domaines du lieu où se fait l'opération. (Av. du Min. de la Guerre du 23 mars 1875.)

3° Pour les adjudicataires de l'enlèvement des criblures de blé provenant des manutentions militaires, par le Directeur des domaines du consentement de l'Intendant militaire qui a concouru à l'opération. (Décis. du Min. des Finances du 13 septembre 1850) (1).

Lorsqu'il s'agit de travaux exécutés pour le compte des départements, c'est au préfet qu'il appartient de donner la mainlevée.

Pour les marchés de fournitures ou de travaux passés par les villes, la mainlevée est accordée par arrêté du maire approuvé par le préfet.

Jusqu'en 1882, les titulaires des cautionnements provisoires ou définitifs que nous venons d'examiner devaient, pour obtenir le remboursement de leur cautionnement, présenter, outre la mainlevée, un certificat délivré par le greffier du tribunal dans le ressort duquel les travaux avaient été exécutés ou les fournitures opérées, et constatant qu'il n'y avait pas d'opposition sur ce cautionnement.

On avait appliqué à ces cautionnements les dispositions des lois des 25 Nivôse et 6 Ventôse an XIII qui exigeaient

---

(1) Léon Say, *Dict. des finances*, *Cautionnements des fonctionnaires*.

pareille production des officiers ministériels et des comptables de l'Etat.

Cette obligation était trop rigoureuse pour les adjudicataires, et le décret du 18 novembre 1882 l'a supprimée dans son article 7, en décidant que les oppositions ne pourraient plus, à peine de nullité, être opérées en d'autres mains que celles des comptables ayant reçu le cautionnement.

B. — *Cautionnements autres que ceux des Soumissionnaires ou adjudicataires de travaux ou de marchés de fournitures.*

Les règles concernant le remboursement des autres cautionnements que reçoit la Caisse des Dépôts et Consignations varient suivant les cas.

Les cautionnements versés par les agences d'émigration sont remboursés sur l'autorisation du ministre du Commerce, six mois après la déclaration de cessation d'exercice de l'agence ou après le retrait de l'autorisation. (Décret du 9 mars 1861.)

Les cautionnements déposés par les individus qui veulent exploiter des magasins généraux ou ouvrir une salle de ventes publiques sont remboursés sur l'autorisation du préfet.

Les cautionnements des fermiers de l'octroi des villes

sont retirés de la Caisse des Dépôts et Consignations sur le vu d'un arrêté du maire approuvé par le préfet.

Les cautionnements de garantie que doivent verser certains employés des Postes pour formules de mandats d'argent adirés, sont remboursés sur le vu de l'autorisation accordée par le Directeur général des Postes à Paris, ou par le Directeur départemental. (Inst. gén. sur le service des Postes, 20 mars 1868; loi du 15 juillet 1882, art. 1er.)

Le remboursement du cautionnement des caissiers et sous-caissiers des Caisses d'épargne privées est obtenu sur la production d'un certificat de *quitus* délivré par le conseil d'administration de la Caisse, et d'un certificat de non opposition délivré par le greffier du tribunal dans le ressort duquel la fonction a été exercée. Ces deux pièces doivent être accompagnées du récépissé de versement.

En ce qui concerne les comptables qui doivent verser leur cautionnement dans les caisses du Mont-de-piété, leur demande de remboursement doit être accompagnée :

1° D'un certificat du préfet constatant que le dernier compte du titulaire a été définitivement jugé par le Conseil de préfecture ou la Cour des comptes, qu'il est apuré et soldé ;

2° D'un certificat spécial du Receveur des finances exigé par l'Instruction générale du 20 juin 1854 et établissant que la libération du comptable résulte et de la vérification de ses écritures et du jugement de ses comptes ;

3° Du certificat de non opposition délivré par le greffier.

Les justifications à produire par les bailleurs de fonds, les héritiers ou tous autres ayants-droit sont, en ce qui concerne le remboursement des cautionnements versés à la Caisse des Dépôts et Consignations, les mêmes que celles exigées quand il s'agit du retrait d'un cautionnement réalisé au Trésor. Nous renvoyons aux observations qui ont été présentées à ce sujet au paragraphe précédent.

CHAPITRE IV

Des cautionnements en Rentes

Le législateur de 1816 en soumettant les officiers ministériels et les comptables à l'obligation de fournir un cautionnement avait poursuivi un double but. Il avait cherché tout d'abord à assurer la bonne gestion du titulaire et aussi à donner au Trésor un moyen de se procurer facilement des ressources.

Aussi voyons-nous que tous les cautionnements doivent être à l'origine versés en numéraire.

Peu à peu cependant avec le retour des finances à la prospérité et avec le développement des valeurs mobilières, le cautionnement cesse d'être un moyen de Trésorerie pour rester exclusivement affecté à la garantie de la gestion du titulaire.

Les cautionnements en rentes apparaissent alors, et comme nous le faisions remarquer, au début de cette étude, ils tendent, grâce aux avantages qu'ils offrent, à se substituer de plus en plus aux cautionnements en numéraire.

I. — PAR QUI LES CAUTIONNEMENTS EN RENTES PEUVENT-ILS ÊTRE FOURNIS ?

La faculté de réaliser leurs cautionnements en rentes, est accordée par la loi à un certain nombre de comptables et de fonctionnaires, aux soumissionnaires et adjudicataires de travaux publics ou de fournitures, mais elle n'appartient pas aux officiers ministériels qui doivent toujours effectuer leur versement en numéraire.

Les comptables qui jouissent de cette faculté sont :

Les comptables de l'habillement, du harnachement, du service des subsistances militaires au Ministère de la guerre.

L'agent comptable de la Garde républicaine.

Le conservateur du mobilier au Ministère de la guerre.

Les commissaires des Poudres et Salpêtres.

Les cautionnements de ces comptables sont réglementés par les décrets du 17 décembre 1849 et 27 mars 1885.

Citons encore :

Les agents comptables des Écoles militaires (décrets du 23 mai 1853 et du 30 novembre 1863).

L'agent comptable des traites de la marine (Ord. du 13 mai 1838).

Les agents comptables de matières de la marine (D. du 28 février 1850).

Le préposé comptable des dépenses de la marine à Lorient (décret du 23 novembre 1887).

Les receveurs sanitaires (décret du 15 octobre 1849).

Les gardes magasins aux Colonies (décret du 25 juin 1887).

L'économe du Lycée de la Pointe-à-Pitre. La loi du 24 juillet 1883 l'autorise même à réaliser son cautionnement en actions de la Banque de la Guadeloupe.

Les agents de comptoir au Ministère des finances. (Décret du 25 mai 1875).

Le conservateur du mobilier au même Ministère (décret du 25 mai 1875).

Le caissier des menues dépenses (D. du 27 décembre 1880).

Le garde magasin des fournitures de bureau.

L'agent comptable des transferts et mutations (décret du 18 octobre 1882).

Les receveurs des bureaux de bienfaisance, asiles d'aliénés, dépôts de mendicité. (Ordonnance du 6 juin 1830.)

Les receveurs municipaux spéciaux. La loi du 27 février 1884 les divise en trois classes.

La première classe comprend les receveurs ayant un

traitement supérieur à 10.000 francs, leur cautionnement est fixé par l'article 3 de la loi à sept fois et demi le montant de leur traitement. Ils ont la faculté de fournir en rentes sur l'État la partie du cautionnement excédant 40.000 francs.

La deuxième classe comprend les receveurs ayant un traitement supérieur à 5.000 francs. Leur cautionnement est de six fois et demi le montant de leur traitement avec possibilité de réaliser en rentes la portion du cautionnement excédant 20.000 francs.

Quant à la troisième classe, elle comprend tous les autres comptables. Leur cautionnement s'élève à quatre fois et demi le montant de leur traitement. La partie de ce cautionnement excédant 10.000 francs, peut être fournie en rentes.

Les caissiers des Caisses d'épargne privées peuvent aussi réaliser leur cautionnement en rentes. Mais ils doivent obtenir à cet effet, l'autorisation du préfet accordée sur la demande des directeurs et administrateurs de ces caisses, leur cautionnement devant être en principe réalisé en numéraire.

Les agents non comptables qui peuvent fournir leurs cautionnements en rentes sont :

Les préposés des Chemins de fer de l'État (décret du 31 mars 1881).

Les greffiers des prisons de la Seine (décret du 30 décembre 1888).

Les conservateurs des hypothèques pour la garantie des erreurs ou omissions qu'ils ont pu commettre. Ce cautionnement spécial, qu'il ne faut pas confondre avec celui que ces fonctionnaires doivent fournir en numéraire, devait, aux termes de la loi du 21 Ventôse an VII, être réalisé en immeubles, les lois du 8 juin 1864 et du 22 mai 1873 permettent de le réaliser en rentes.

Les préposés des Douanes chargés du service de l'hypothèque maritime doivent également fournir, en cette qualité, un cautionnement en rentes (Loi du 10 décembre 1874 et décret du 23 avril 1873).

Les soumissionnaires et adjudicataires des travaux ou fournitures de l'État, des département, des communes, et des établissements publics peuvent également fournir leurs cautionnements en rentes, le cahier des charges leur laissant ordinairement le droit de choisir entre la réalisation en rentes sur l'État ou valeurs du Trésor et la réalisation en numéraire ou en immeubles.

La loi du 31 juillet 1870 autorise les exploitants des magasins généraux et des salles de vente publiques à réaliser leurs cautionnements en rentes ou en valeurs cotées à la Bourse.

Ajoutons que des cautionnements en rentes sont également exigés des personnes qui ayant adiré une inscription au porteur ou une valeur du Trésor au porteur ou à ordre, désirent obtenir soit un nouveau titre, soit le paie-

ment du montant de la valeur arrivée à échéance (Décret
du 18 décembre 1869 sur les services intérieurs du Ministère des finances).

II. — NATURE DES RENTES DÉPOSÉES A TITRE
DE CAUTIONNEMENT

La loi du 16 septembre 1871 (art. 29) décide que les cautionnements déposés au Trésor public peuvent être réalisés en rentes de toute nature, c'est-à-dire en rentes appartenant à tous les fonds de la Dette publique.

« Mais cet article, dit M. Léon Say, dans son *Dictionnaire des finances*, ne doit pas s'entendre en ce sens que
des inscriptions au porteur pourraient être déposées. —
Les règlements portent au contraire que la rente affectée
à un cautionnement réalisé au Trésor doit être *directe et
nominative*. »

Les cautionnements versés à la Caisse des Dépôts et
Consignations peuvent être, dans certains cas, réalisés en
rentes au porteur. Le décret du 18 décembre 1882 autorise,
en effet, les soumissionnaires et les adjudicataires de travaux ou de fournitures, à verser à la Caisse des dépôts et
consignations, à titre de dépôt provisoire ou définitif des
rentes au porteur.

Les exploitants des magasins généraux peuvent réaliser leurs cautionnements en valeurs nominatives et au porteur autres que les rentes du Trésor. La loi du 31 juillet 1870, qui réglemente ces cautionnements, exige seulement que les *valeurs* déposées soient *cotées à la Bourse*.

Les caissiers des Caisses d'épargne privées, les conservateurs des hypothèques et les receveurs des établissements de bienfaisance sont autorisés à déposer, à titre de cautionnement, des *rentes départementales*.

Mais il convient de remarquer que ce mode de garantie est peu employé et qu'il tend de plus en plus à disparaître. — On ne crée plus, en effet, depuis quelques années déjà de rentes départementales.

Rappelons, enfin, que la loi du 24 juillet 1883 décide que l'économe du Lycée de la Pointe-à-Pitre pourra réaliser son cautionnement en *actions de la Banque de la Guadeloupe*.

III. — BASES D'APRÈS LESQUELLES LES CAUTIONNEMENTS EN RENTES SONT CALCULÉS

(Les bases d'après lesquelles doit être calculé le taux des rentes affectées aux cautionnements, ont été successivement établies par une ordonnance du 19 janvier 1825 et un décret du 31 janvier 1871.

L'article 2 de l'ordonnance de 1825 avait décidé que les rentes 5 0/0 et de 4 1/2 0/0 seraient acceptées au pair et les rentes 3 0/0 au taux de 75 francs.

Tant que les cours ont été élevés, ce mode de capitalisation n'a présenté aucun inconvénient. — Mais à la suite des événements de 1870 et de 1871, les valeurs ayant subi une dépréciation considérable, le Trésor dut accepter à 75 francs des rentes qui, au cours de la Bourse, valaient de 50 à 60 francs seulement. Il en résulta que sa garantie fut insuffisante et qu'il se trouva exposé à subir une perte sensible, pour le cas où, à la suite du débet d'un fonctionnaire, il aurait voulu vendre la rente affectée à son cautionnement.

Le législateur de 1872 chercha à remédier à cet inconvénient dans un décret du 31 janvier, qui établit de la façon suivante les bases d'après lesquelles devra être désormais calculé le taux des rentes affectées aux cautionnements.

Les rentes affectées aux cautionnements des *comptables* seront calculées au cours moyen du jour de la nomination de ces comptables.

Celles affectées aux dépôts provisoires des *soumissionnaires* de travaux ou de fournitures au cours moyen de la veille du jour du dépôt desdites rentes.

Celles affectées aux cautionnements des *adjudicataires* de travaux ou de fournitures au cours moyen du jour de l'approbation du marché ou de l'adjudication.

Enfin, l'article 1, § 3 du décret décide que « pour les *autres cautionnements* que les parties auront été admises à constituer en rentes sur l'État, les rentes seront calculées au cours moyen du jour de la décision ou de l'arrêté qui les aura autorisées à fournir des garanties de cette nature. »

Les cautionnements spéciaux que les conservateurs des hypothèques sont autorisés à fournir en rentes sont calculés d'après des règles spéciales.

L'article 2 du décret du 26 mars 1873 décide « que les rentes affectées à titre de cautionnement devront être capitalisées au denier vingt, de manière à représenter par le résultat de cette capitalisation un chiffre égal à celui du cautionnement ou de la partie du cautionnement en immeubles qu'elles doivent remplacer en conformité des dispositions des lois du 8 juin 1864 et 17 septembre 1871. »

Il convient de remarquer que pour les valeurs telles que celles déposées à titre de cautionnement par les exploitants des magasins généraux, elles sont calculées d'après le dernier cours publié par le *Journal officiel*.

IV. — RÉALISATION DES CAUTIONNEMENTS EN RENTES

Les formalités qui accompagnent la réalisation des cautionnements en rentes varient suivant qu'il s'agit de cautionnements réalisés en rentes nominatives ou de cautionnements réalisés en rentes au porteur ou en rentes départementales.

1. — *Rentes nominatives*

Quand le cautionnement doit être réalisé au Trésor, les rentes nominatives affectées à ce cautionnement sont déposées dans la Caisse centrale du Trésor ; elles sont frappées d'une mention qui empêche leur transfert.

Ces rentes peuvent appartenir au titulaire, elles peuvent être aussi la propriété d'un tiers qui consent à les affecter à la garantie de la gestion du déposant.

Un acte sous signature privée est passé entre l'agent judiciaire du Trésor et le titulaire ou le bailleur de fonds.

Le propriétaire des titres déposés consent par cet acte, à ce que ces titres deviennent le gage des créanciers pour faits de charge et à ce qu'ils soient vendus pour les désintéresser dans le cas où le fonctionnaire dont ils garantissent la gestion serait déclaré pécuniairement responsable envers eux.

Après la signature de cet acte, la rente déposée est frappée d'une opposition au transfert sur le Grand-Livre, et l'agent judiciaire du Trésor délivre à l'intéressé une pièce appelée *bordereau d'annuel*, au moyen de laquelle celui-ci pourra trimestriellement toucher les arrérages de la rente.

S'il s'agit d'un cautionnement à réaliser à la Caisse des Dépôts et Consignations, on doit procéder de la façon suivante.

L'acte d'affectation doit être passé par le déposant ou le propriétaire de l'inscription, si la rente appartient à un tiers, et le Directeur général de la Caisse des Dépôts et Consignations à Paris, ou le Receveur des finances, préposé de ladite Caisse, dans les départements.

Il indique le montant de la rente, sa série et son numéro.

Il autorise, en outre, la Caisse des Dépôts et Consignations à frapper la rente déposée d'opposition pour en arrêter le transfert et lui donne, en tant que de besoin, pouvoir irrévocable de vendre ou transférer les titres dans le cas où le titulaire serait constitué en débet ou déclaré pécuniairement responsable par suite d'inexécution de ses engagements.

Le déposant souscrit en outre sur un registre spécial, une déclaration de constitution contenant les mêmes énonciations que l'acte d'affectation.

Telles sont les formalités qui doivent être accomplies pour la conservation du privilège des créanciers pour faits de charge.

Il est bien évident qu'il ne saurait être question du privilège de second ordre sur les rentes qui nous occupent. Ces rentes, en effet, dans le cas où le cautionnement est déposé par un tiers, restent, malgré leur affectation à la garantie de la gestion du titulaire, la propriété de ce tiers qui n'en peut être dessaisi que par les créanciers pour faits de charge.

Quant aux créanciers ordinaires du fonctionnaire ou de l'adjudicataire, ils n'ont aucun droit sur les titres déposés. Ils ne peuvent, en effet, former opposition au remboursement de ces titres, la loi déclarant les rentes sur l'État insaisissables.

2. — *Rentes au porteur.*

On procède pour la constitution de ces cautionnements comme pour la réalisation des cautionnements en numéraire.

En effectuant leur versement à la Caisse des Dépôts et Consignations, les déposants signent sur un registre spécial une déclaration aux termes de laquelle ils confèrent à l'administration un privilège de premier ordre sur les fonds déposés.

Si le cautionnement est fourni par un tiers, le bailleur de fonds signe la déclaration concurremment avec le titulaire et il fait constater par une mention spéciale son privilège de second ordre.

Un récépissé de dépôt est remis à la partie qui pourra, sur sa présentation, toucher les arrérages des rentes déposées. La Caisse des Dépôts et Consignations qu'il s'agisse de cautionnements en rentes ou de cautionnements en numéraire ne délivre jamais de bordereau d'annuel.

Il convient de remarquer que, ces formalités accomplies, la Caisse des Dépôts et Consignations, par mesure d'ordre, fait convertir à son nom les rentes au porteur qui lui ont été remises à titre de cautionnement.

Ajoutons que pour la réalisation des cautionnements que les exploitants de magasins généraux sont admis à constituer en rentes nominatives ou au porteur autres que les rentes sur l'État, on suit la même marche que pour la réalisation des cautionnements en rentes sur l'État.

3. — *Rentes départementales.*

Leur réalisation comporte certaines formalités particulières.

Ces rentes sont reçues par les Directeurs de l'Enregistrement et des Domaines remplissant les fonctions attribuées à l'agent judiciaire.

La rente doit être déposée à la Caisse du receveur des Domaines du chef-lieu de département. L'opposition au transfert est formée entre les mains du Trésorier-payeur général.

En cas de débet, l'inscription doit être transmise à l'agent judiciaire du Trésor, qui a seul qualité pour en poursuivre la vente.

Quant aux formalités qui accompagnent le remboursement des cautionnements en rentes, nous renvoyons à ce qui a été dit au chapitre III § 6; ces formalités sont en effet les mêmes que celles qui sont exigées pour le remboursement des cautionnements en numéraire.

Nous ferons observer toutefois, qu'après l'apurement de la gestion du comptable, la cessation des fonctions du préposé, ou l'exécution des obligations des soumissionnaires et adjudicataires, ce n'est pas la rente déposée qui est restituée. Cette rente est, en effet, recouverte de certaines mentions et notamment de la mention d'opposition. Les annotations dont elle est revêtue en rendraient la circulation impossible. Aussi procède-t-on à un transfert de forme autorisé par décision ministérielle, et un titre nouveau est remis à l'intéressé.

Si au contraire le comptable ou l'adjudicataire est déclaré en débet, il est procédé à la vente de la rente engagée. L'autorisation de justice n'est pas nécessaire puisque le déposant a consenti par un acte spécial à l'aliénation de son dépôt au cas de débet.

Le profit de la vente est versé entre les mains du créancier.

CHAPITRE V.

Des cautionnements en Immeubles.

Les cautionnements en immeubles tendent de plus en plus à disparaître et à être remplacés par les cautionnements en numéraire ou en rentes. Cela tient au développement de la fortune mobilière, dans la seconde partie de ce siècle, et aussi à l'incertitude de garantie en même temps qu'à la lenteur de la réalisation de tels cautionnements.

Aussi ne trouvons-nous plus dans nos lois que quelques textes qui exigent un cautionnement immobilier de certains fonctionnaires coloniaux ou de titulaires auxquels la loi demande des garanties dont le montant est très élevé.

I. — TITULAIRES QUI DOIVENT FOURNIR UN CAUTIONNEMENT EN IMMEUBLES.

Ce sont :

1° Les *Notaires* en Corse, à la Guadeloupe, à la Martinique, à la Réunion. (O. du 4 juillet 1821. — Décrets du 14 juin 1864, du 26 juin 1864 et du 30 juillet de la même année.)

2° Les *Curateurs* aux successions vacantes dans les colonies. (Décrets du 27 janvier 1855, du 9 février 1867 et du 31 juillet 1867.)

3° Certains *Comptables du Ministère de la Guerre*.

Les officiers d'administration, comptables de l'habillement, du campement et du harnachement ;

L'agent comptable de la Garde républicaine ;

Le conservateur du mobilier du Ministère ;

Les Commissaires des Poudres et Salpêtres ;

(Décret du 17 décembre 1849).

Le décret du 27 mars 1855 y soumet encore les officiers comptables du service des subsistances.

Remarquons toutefois que les comptables du Ministère de la guerre ne sont pas tenus de réaliser leur cautionnement en immeubles. Les décrets que nous venons d'indiquer les autorisent à opter entre le versement en rentes et la constitution en immeubles.

4° Les *Comptables justiciables de la Cour des Comptes*. Ils peuvent, aux termes de l'art. 2 de l'ordonnance du 22 mai 1825, obtenir le remboursement du dernier tiers de leur cautionnement avant l'apurement définitif de leur compte de gestion. Il leur suffit de donner, à cet effet, une hypothèque au Trésor sur un immeuble d'une valeur équivalente au montant du dernier tiers. (Voyez chapitre IV, *Comptables*).

5° Les *Receveurs des Hospices et Établissements de bienfaisance*. (O. du 6 juin 1830. Loi du 24 février 1884).

6° Les *Conservateurs des Hypothèques*. Ils doivent, aux termes des lois du 8 juin 1864 et du 16 septembre 1871, constituer en rentes leur cautionnement spécial. Ces lois les autorisent cependant à le réaliser en immeubles.

Le cautionnement des conservateurs des hypothèques est très élevé, le législateur devait en faciliter autant que possible la constitution pour ne pas empêcher le recrutement des fonctionnaires chargés de ce service.

7° Les *Soumissionnaires* ou *Adjudicataires* de travaux et de fournitures.

Le décret du 18 novembre 1882 relatif aux adjudications et aux marchés passés au nom de l'État semble proscrire, en principe, le cautionnement en immeubles et ne l'autoriser que dans des cas exceptionnels.

L'art. 5 du décret décide, en effet, que « les garanties pécuniaires peuvent consister, au choix des soumissionnaires et adjudicataires : 1° en numéraire ; 2° en rentes sur l'État ou valeurs du Trésor au porteur ; 3° en rentes nominatives ou mixtes ».

Mais d'autre part l'art. 4 dispose que « les cahiers des charges déterminent les autres garanties, telles que cau-

tions personnelles et solidaires, *affectation hypothécaire*, etc. ».

8° Les *Exploitants de Magasins généraux*.

(Loi du 31 août 1870, art. 2).

II. — RÉALISATION DU CAUTIONNEMENT EN IMMEUBLES.

Les formalités que doivent remplir les comptables du
Trésor pour la réalisation de leur cautionnement en immeubles sont indiquées par une instruction ministérielle
du 7 juillet 1833 dont nous nous contenterons de transcrire les principales dispositions.

« Lorsque le Trésor se trouve dans le cas de recevoir
un cautionnement en immeubles, les avoués agrégés à
l'agence judiciaire du Trésor sont appelés à en discuter la
valeur et les titres. A cet effet, ils se font remettre par les
parties et examinent avec soin : 1° Les titres de propriété
qui doivent remonter à trente années, avec les quittances
du prix ; 2° Les certificats de transcription et de purge
des hypothèques légales ; 3° L'état des inscriptions existantes ; 4° Les contrats de mariage et autres titres desquels
résulteraient des hypothèques légales non inscrites ; 5° Un
acte de notoriété constatant que le propriétaire n'a été chargé

d'aucune tutelle ou curatelle et qu'il n'a pas été comptable de deniers publics ; 6° L'extrait de la matrice des rôles des contributions ; 7° Tous titres et pièces pour constater la propriété, la valeur et les charges.

« Si de l'examen de ces titres, il résulte que la valeur libre de l'immeuble, calculée sur vingt fois le revenu, dégagé des centimes additionnels et constaté par la matrice des rôles est suffisante pour répondre du cautionnement, l'avoué agrégé en rend compte à l'agent judiciaire avec son avis motivé, et, s'il y a lieu, l'agent judiciaire lui transmet l'autorisation nécessaire pour recevoir et accepter le cautionnement, qui est réalisé par acte notarié et ne devient définitif qu'après inscription au profit du Trésor, et constatation qu'il n'est point survenu, avant cette inscription, de nouvelles charges sur l'immeuble affecté. Ces formalités remplies, l'avoué agrégé transmet à l'agent judiciaire l'acte du cautionnement, le bordereau d'inscription et autres pièces y relatives. Les frais de l'acte de cautionnement, ceux de l'inscription et honoraires de l'avoué sont payés par les parties ».

En ce qui concerne les comptables qui dépendent des autres départements ministériels, leurs cautionnements sont reçus par les agents des administrations auxquels ils appartiennent.

Les receveurs des hospices et des établissements de bienfaisance qui veulent constituer leurs cautionnements en immeubles doivent établir devant la Commission administrative de l'établissement, que ces immeubles sont libres de tous privilèges et hypothèques et d'une valeur qui excède d'un tiers au moins la fixation en deniers du cautionnement.

La Commission administrative, conformément à l'art. 5 de l'ordonnance du 6 juin 1830, délibère sur l'acceptation des immeubles qui lui sont affectés.

Lorsque les immeubles ont été acceptés comme garantie, le receveur ou le tiers auquel ils appartiennent consent par devant notaire et dans la forme des actes ordinaires du cautionnement, à ce qu'ils soient affectés à une hypothèque spéciale, et il produit à l'appui de cet acte, un certificat de non inscription du conservateur des hypothèques.

L'inscription est prise au nom de l'établissement, à la requête du receveur lui-même, qui doit en justifier avant son entrée en fonctions.

La réalisation du cautionnement spécial des conservateurs des hypothèques est soumise à des règles particulières contenues dans la loi du 21 Ventôse an VII.

La valeur des immeubles proposés est discutée et le cautionnement est reçu par le tribunal civil de la situation des biens, contradictoirement avec le procureur de la République.

Le conservateur des hypothèques est tenu, après acceptation, de faire recevoir son cautionnement par la Régie de l'Enregistrement et des Domaines, et d'en justifier dans le mois de l'acceptation de sa commission. Il doit dans le même délai, déposer une expédition de la réception au greffe du tribunal civil dans l'arrondissement duquel il remplit ses fonctions (art. 6 de la loi).

L'art. 7 dispose que l'inscription est faite aux frais du préposé et qu'elle subsiste pendant toute la durée de la responsabilité, sans avoir besoin d'être renouvelée.

Le décret du 25 janvier 1853, qui soumet au cautionnement les curateurs aux successions vacantes dans les colonies, décide que le cautionnement sera d'une valeur double du cautionnement en argent, et que les dispositions de la loi de Ventôse seront applicables à la réalisation de ces cautionnements.

Quant aux affectations hypothécaires que le décret du 18 novembre 1882 permet aux soumissionnaires et adjudicataires de travaux, elles sont consenties par acte notarié ou par engagement contracté devant le préfet.

La réalisation des cautionnements des exploitants de magasins généraux est régie par la loi du 31 août 1870. L'article 2 de cette loi porte :

« La concession d'un magasin général devra être soumise par arrêté préfectoral à l'obligation d'un cautionnement variant de vingt à cent mille francs. Ce cautionnement pourra être fourni en totalité ou en partie, en argent, en rentes ou obligations cotées à la Bourse, *ou par une première hypothèque sur des immeubles* d'une valeur double de la somme garantie. Cette valeur sera estimée par le Directeur de l'Enregistrement et des Domaines, sur les bases établies pour la perception des droits de mutation en cas de décès (1).

Pour la conservation de cette garantie, une inscription sera prise dans l'intérêt des tiers, à la diligence et au nom du directeur de l'Enregistrement et des Domaines, »

III. — LIBÉRATION DU CAUTIONNEMENT EN IMMEUBLES.

Après la cessation des fonctions ou l'accomplissement des obligations pour la garantie desquelles le cautionnement a été établi, le titulaire doit présenter au conservateur des hypothèques un arrêté préfectoral rendu en exécution d'une décision ministérielle prononçant la mainlevée de l'inscription hypothécaire.

Le conservateur procède, sur le vu de cet arrêté, à la radiation de l'inscription. Il suit les règles établies par le Code civil à ce sujet.

Pour les cautionnements des conservateurs des hypothèques et des receveurs des Douanes chargés du service

(1) Capitalisation du revenu de l'immeuble par 20. (Art. 15 § 1. du 22 frimaire an VII.)

de l'hypothèque maritime, les lois des 21 Ventôse an VII et 13 avril 1875 décident que mainlevée doit être prononcée par le tribunal civil de la situation des immeubles grevés.

Il convient d'observer que cette mainlevée ne peut être accordée que dix ans après la cessation des fonctions du conservateur des hypothèques et trois ans après la cessation des fonctions des préposés des Douanes, la responsabilité de ces fonctionnaires ne cessant qu'au bout de dix ou trois ans.

IV. — SAISIE DU CAUTIONNEMENT EN IMMEUBLES.

Quand un débet est constaté contre un fonctionnaire ou un adjudicataire, quand une condamnation pour faits de charge est prononcée contre lui, le créancier peut faire saisir les immeubles affectés au cautionnement et en poursuivre l'expropriation. Il doit se conformer aux dispositions établies par le Code de procédure civile dans les art. 673 et suivants.

Les cautionnements immobiliers ne comportent pas de privilège de second ordre.

Ce privilège n'aurait pas, en effet, sa raison d'être, le tiers qui a consenti à l'affectation des immeubles conservant toujours sur eux son droit de propriété, sauf les effets des condamnations pour faits de charge.

Ce privilège n'existe pas dans notre législation hypothécaire. Il ne rentre, en effet, dans aucun des cas prévus par l'art. 2103 du Code civil.

Les cautionnements immobiliers ne sont pas davantage susceptibles d'opposition. Mais il est bien évident que si en vertu d'un jugement un créancier prenait inscription aux hypothèques sur les immeubles affectés au cautionnement, cette inscription lui assurerait un droit de préférence.

CHAPITRE VI

Des cautions personnelles

Nous avons vu jusqu'ici que les cautionnements étaient constitués à l'aide du dépôt d'une somme d'argent, d'un titre de rente ou par une affectation hypothécaire ; il nous reste à examiner les cas dans lesquels le cautionnement consiste dans l'engagement pris par une personne, appelée *caution*, de garantir les obligations contractées par un débiteur envers le Trésor public et d'y satisfaire pour le cas où celui-ci ne les accomplirait pas.

C'est surtout dans les lois qui régissent les Douanes et les Contributions Indirectes, les ventes forestières, les baux administratifs, les marchés passés par l'État, les départements, les communes, que l'on rencontre de tels engagements.

I. — CONTRIBUTIONS INDIRECTES ET DOUANES (1)

1. — *Cas dans lesquels la garantie donnée à l'Administration consiste dans l'engagement d'une caution.*

1° Nous rencontrons une première application de ce cautionnement en matière d'*acquits-à-caution.*

La loi autorise l'expéditeur de marchandises qui doivent acquitter des droits, à ne pas verser immédiatement aux receveurs des Contributions Indirectes ou des Douanes, le montant de ces droits, et à en différer le paiement jusqu'à l'arrivée des marchandises à destination.

L'Administration des Douanes ou des Contributions Indirectes délivre à cet effet à l'expéditeur un titre de mouvement, appelé *acquit-à-caution*, consistant dans un bulletin ou expédition, extrait d'un registre à souche, qui garantit l'impôt éventuellement exigible sur une marchandise taxée.

Le titulaire de l'acquit-à-caution prend l'engagement de se soumettre ultérieurement aux prescriptions de la loi, relativement au paiement des droits ou à l'accomplissement des formalités réglementaires.

(1) Trescaze. *Dictionnaire des contributions indirectes.* V. *Cautionnement, Acquits-à-caution.*

Cet engagement est garanti par *une caution qui s'engage solidairement* avec le titulaire, au paiement de toutes les sommes que l'Administration pourrait avoir à répéter pour non exécution des conditions imposées par l'acquit-à-caution.

2° Les marchands en gros de produits soumis à des droits (les distillateurs notamment) doivent, d'après la loi du 21 avril 1832, fournir un cautionnement destiné à garantir le paiement des droits dus par les marchandises qui viendraient à manquer, pendant l'année, dans leurs magasins.

Ce cautionnement consiste dans l'engagement pris par une personne solvable (solidairement avec l'intéressé) de payer les droits à la place du débiteur dans le cas où celui-ci ne les acquitterait pas.

3° La loi du 2 août 1872 permet également d'imposer un semblable cautionnement aux personnes qui font le commerce en détail des eaux-de-vie, esprits et liqueurs, et ont, en leur possession, plus de dix hectolitres d'alcool.

2. — *Réception des cautions.*

C'est aux comptables chargés de la délivrance des acquits-à-caution ou de l'exercice des magasins et débits qu'il appartient d'accepter ou de refuser les cautions.

Une circulaire de l'Administration des Contributions Indirectes, du 20 octobre 1882, donne, à cet effet, des instructions à ses préposés.

Elle leur enjoint de ne pas accepter, sous peine d'engager leur responsabilité, des garanties notoirement insuffisantes.

Elle leur laisse cependant une certaine latitude.

Ainsi, en ce qui concerne les débitants au détail, l'administration admet qu'il n'y a pas lieu d'astreindre au cautionnement les cafetiers et débitants établis depuis longtemps, qui acquittent régulièrement l'impôt et dont l'approvisionnement peut se trouver alternativement supérieur ou inférieur à dix hectolitres, sans dépasser sensiblement ce chiffre.

3. — *Libération des cautions.*

La caution est libérée par l'accomplissement des obligations du débiteur principal.

En matière d'acquits-à-caution, quand les marchandises soumises aux droits sont arrivées à destination, l'expéditeur fait constater, par les préposés de la Régie, que la marchandise est prise en charge au compte du destinataire ou bien que les droits ont été acquittés. Mention de la décharge est mise au dos de l'acquit et un certificat constatant cette formalité est remis à l'expéditeur.

Ce certificat est adressé à la direction d'origine, et la décharge du titulaire et de la caution est immédiatement opérée.

4. — *Poursuites.*

A défaut de paiement des droits constatés contre les redevables, l'Administration peut poursuivre indifféremment, en vertu de l'art. 2021 du Code civil, le débiteur principal ou la caution qui s'est solidairement engagée avec lui.

Une contrainte est décernée à cet effet, à l'administration par le receveur de la Régie ; elle est visée et rendue exécutoire par le juge de paix du canton où le bureau de la perception est établi.

Cette contrainte permet à l'Administration de poursuivre l'exécution en faisant saisir les meubles des redevables ou les sommes qui leur sont dues, et procéder à la vente du mobilier.

II. — VENTES FORESTIÈRES

1. — *Cas dans lesquels les adjudicataires devront fournir une caution*

L'adjudicataire de coupes de bois appartenant à l'État, aux départements, aux communes et aux établissements publics doit fournir, dans les cinq jours qui suivent l'adjudication, une caution et un certificateur de caution reconnus solvables, et ce sous peine d'être déchu et d'être obligé de payer, outre la différence entre son prix et celui de la revente, les frais de l'adjudication à raison de 1 fr. 60 0/0.

C'est ce que décident les art. 24 du Code forestier et 8 du cahier des charges du 2 juin 1882. Toutefois, en ce qui concerne les ventes de produits ne dépassant pas 500 francs, une circulaire de l'Administration des Forêts du 16 mai et 15 octobre 1866 décide que la présentation d'un certificateur de caution n'est obligatoire qu'autant que le Receveur municipal ou spécial l'exige.

Cette obligation existe alors même que le paiement du prix d'adjudication doit avoir lieu au comptant.

Les adjudicataires de coupes ne sont dispensés de fournir une caution et un certificateur de caution qu'à la condition d'effectuer un dépôt en numéraire ou en titres nominatifs de rentes sur l'État, égal au vingtième du montant de l'adjudication.

Cette clause a été introduite dans l'art. 8 du cahier des charges du 2 juin 1882. L'Administration se trouve ainsi garantie contre l'insolvabilité des adjudicataires qui auraient encouru des condamnations judiciaires ou qui n'auraient pas exécuté leurs travaux conformément aux dispositions du cahier des charges.

2. — *Réception des cautions*

L'ar. 9 du cahier des charges trace les règles relatives à cette réception.

Il distingue suivant qu'il s'agit de coupes de bois domaniaux ou de coupes extraordinaires des bois des communes et des établissements publics.

Les cautions et certificateurs de cautions sont reçus, dans cette hypothèse, par le Receveur général du département ou son fondé de pouvoirs, en présence du Receveur des Domaines.

S'il s'agit de coupes ordinaires de bois des communes la réception est faite par le maire assisté du Receveur municipal.

Pour les coupes ordinaires de bois des établissements

publics, les cautions et certificateurs de cautions sont reçus par les administrateurs et receveurs de ces établissements.

3. — *Étendue du cautionnement. Poursuites*

L'art. 25 du Code forestier porte : « Tout procès-verbal d'adjudication emporte exécution parée et contrainte par corps contre les adjudicataires, leurs associés et cautions, tant pour le paiement du prix principal de l'adjudication que pour accessoires et frais.

« Les cautions sont en outre contraignables, solidairement et par les mêmes voies, au paiement des dommages, restitutions et amendes qu'auraient encourus l'adjudicataire. »

La contrainte par corps ayant été abolie par la loi du 22 juillet 1867, l'Administration forestière n'a plus à sa disposition cette voie d'exécution.

La responsabilité des cautions et certificateurs de cautions s'étend donc, tout d'abord, au paiement du prix principal de la vente ainsi qu'à celui des accessoires et des frais.

Le paiement du prix d'adjudication s'effectue à l'aide de traites échelonnées à trois mois.

Ces traites sont *tirées* par le certificateur de caution : elles sont *endossées* par la caution qui les passe à l'ordre du Receveur général ou du Receveur des communes et établissements publics.

La responsabilité des cautions s'étend également au paiement des dommages, restitutions et amendes encourues par l'adjudicataire.

L'art. 46 du Code forestier décide, en effet, que : « Les adjudicataires et leurs cautions seront responsables et contraignables par corps au paiement des amendes et restitutions encourues pour délits et contraventions commis, soit dans la vente, soit à l'ouïe de la cognée, par les facteurs, gardes-ventes, ouvriers, bûcherons, voituriers et tous autres employés par les adjudicataires. »

L'article 45 du même Code porte que : « Les adjudicataires, à dater du permis d'exploitation et jusqu'à ce qu'ils aient obtenu leur décharge, sont responsables de tout délit forestier commis dans leur vente et à l'ouïe de la cognée, si leurs facteurs ou gardes-ventes n'en font leurs rapports, lesquels doivent être remis à l'agent forestier dans le délai de cinq jours. »

Certains auteurs estiment que les cautions ne sont pas responsables des délits de l'art. 45, les dispositions de cet article ne visant que les adjudicataires (1).

Cependant en présence de la généralité des termes de l'art. 25 § 2 qui étend la responsabilité « aux dommages, restitutions et amendes » sans distinction, nous pensons que les cautions sont responsables dans cette hypothèse comme dans celle de l'art. 46.

(1) Curasson : *Manuel de droit forestier.*

D'ailleurs, cette opinion est confirmée par un arrêt de la Cour de cassation du 16 novembre 1833. (1).

III. — BAUX ADMINISTRATIFS

Les baux administratifs ont pour objet les biens qui font partie du domaine de l'État ou ceux qui appartiennent aux départements, aux communes, aux établissements publics.

Dans ces baux, comme dans la plupart des contrats administratifs, l'adjudicataire doit fournir une caution.

C'est une règle absolue consacrée par l'art. 21 du Titre II de la loi du 5 novembre 1790 pour tous les baux de l'État, et également admise pour les baux passés par le département, la commune, ou les établissements publics.

Le défaut de présentation de la caution entraîne même dans certains cas la déchéance du preneur. Il en est ainsi notamment en matière de pêche (art. 18 de la loi du 13 avril 1829).

La loi du 5 novembre 1790, art. 21 du Titre II exige que la caution présentée soit solvable et domiciliée dans l'étendue du département.

L'adjudicataire doit en rapporter la soumission par acte authentique si elle n'est faite au secrétariat, dans le délai

(1) Voir en ce sens, Meaume, *Manuel de droit forestier*. *Cautions*.

de huitaine, à défaut de quoi, il est procédé à un nouveau bail à sa folle enchère.

La caution est responsable du paiement du prix principal du bail et de ses accessoires, dans certains cas même (en matière de pêche, art. 22 de la loi du 29 avril 1829 elle est tenue du paiement des dommages, restitutions ou) amendes encourues par l'adjudicataire.

A défaut de paiement du débiteur principal, elle peut être poursuivie par les voies de droit commun.

Il convient d'observer cependant que les baux reçus par les préfets, les sous-préfets ou leurs délégués sont revêtus de la formule exécutoire et entraînent l'exécution parée (art. 21 de la loi de 1790 précitée).

Le même privilège est reconnu aux baux des départements et des communes pourvu qu'ils aient été passés avec l'assistance d'un notaire. Il n'est contesté qu'aux baux des établissements publics.

IV. — MARCHÉS DE TRAVAUX OU DE FOURNITURES

En matière de marchés de travaux ou de fournitures les cahiers des charges dressés par les administrations compétentes déterminent les cas dans lesquels les adjudicataires peuvent être obligés de présenter une caution.

L'art. 4 du décret du 18 novembre 1882 contient, en ce qui concerne les marchés passés par l'État, la disposition suivante : « Les cahiers des charges déterminent les autres garanties telles que *cautions personnelles et solidaires*, affectations hypothécaires, *dépôts de matières* dans les magasins de l'État, qui peuvent être demandés, à titre exceptionnel, aux fournisseurs et entrepreneurs pour assurer l'exécution de leurs engagements ».

Il en est de même des marchés passés par les départements, les communes et les établissements publics.

Les cahiers des charges déterminent pour chaque adjudication les formalités qui doivent accompagner la réception des cautions, ils indiquent l'étendue de leurs engagements et les cas dans lesquels leur responsabilité cesse d'être engagée.

TABLE DES MATIÈRES

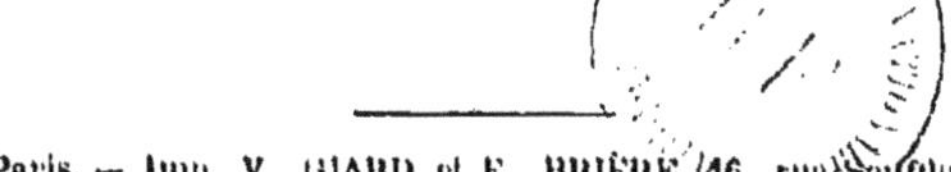

Paris. — Imp. V. GIARD et E. BRIÈRE, 16, rue Soufflot.

9 782013 708418